常春藤传记馆

温儒敏／主编

北京文化的歌者

老舍传

李国华 著

長春出版社
国家一级出版社
全国百佳图书出版单位

图书在版编目(CIP)数据

北京文化的歌者：老舍传 / 李国华著. —长春：长春出版社, 2018.3(2020.12 重印)
(常春藤传记馆 / 温儒敏主编)
ISBN 978-7-5445-4610-2

Ⅰ.①北… Ⅱ.①李… Ⅲ.①老舍(1899-1966)-传记 Ⅳ.①K825.6

中国版本图书馆 CIP 数据核字(2018)第 042010 号

北京文化的歌者:老舍传

著　　者:李国华
责任编辑:陈晓雷
封面设计:楠竹文化

出版发行:長春出版社　总编室电话:0431-88563443
编辑室电话:0431-88525948　发行部电话:0431-88561180
地　　址:吉林省长春市长春大街 309 号
邮　　编:130041
网　　址:www.cccbs.net
制　　版:荣辉图文
印　　刷:吉林省信诚印刷有限公司
经　　销:新华书店

开　　本:787 毫米×1092 毫米　1/32
字　　数:112 千字
印　　张:7
版　　次:2018 年 3 月第 1 版
印　　次:2020 年 12 月第 4 次印刷
定　　价:19.80 元

总　序

温儒敏

十多年前，我主持人民教育出版社高中语文教材的编写，其中选修课就专门设置有《中外传记选读》一种，我自己还动手编写了这本教材。因为受高考“指挥棒”影响，一般学校的选修课未必真能让学生自主选修，很多选修教材编出来都没有使用，但《中外传记选读》一直很受欢迎，每年都有重印。这让我对传记的阅读推广有了特别的关注。

我还注意到最近三四年高考语文试题命制的一种趋向，无论全国卷还是其他省市卷，阅读题往往都选传记作为材料。比如2016年全国卷的甲、乙、丙三个卷子，文言文阅读的材料全是传记，包括《明史·陈登云传》(甲卷)、《宋史·曾公亮传》(乙卷)和《明史·傅珪传》(丙卷)；现代文阅读的实用类文本也多用传记，节选了《吴文俊传》和《陈忠实传》。可见传记阅读越来越受到重视，考试也有意往这方面引导。

中小学语文教材也应当多选一些传记。现在

教育部正组织编写一套新的义务教育语文教科书，聘我担任总主编，这套新教材就选了不少名人传记，并鼓励学生多读传记。

为什么中小学生要多读传记？我曾在《中外传记选读》的前言中说过理由，这里不妨转述一下：

> 同学们都渴望能拥有健全、快乐和成功的人生，现在的学习阶段就在做准备，而且其本身就已经是你人生经历的一部分。我们该怎样设计自己的人生？当然最重要的还是学习。除了学习文化知识，还要从历史人物或者成功的人物身上学习宝贵的生活道理、人生哲学以及获取成功的途径。这就是励志教育，是人生教育中非常重要的部分。人都需要不断添加生活的动力，特别是在年轻的时候，要有偶像和楷模，有高远目标的激励。如同英国思想家培根所说过的："用伟人的事迹激励我们，远胜一切的教育。"让同学们从那些杰出的成功的人物身上吸取人生的经验，从前人多种人生道路的选择中寻找我们各自的"契合点"，这就是我们设立这门课的主要目的。

这里说的"设立这门课的主要目的"，其实

也是我们推出这套“常春藤传记馆”丛书的目的。

“常春藤传记馆”丛书由北京大学语文教育研究所组织编写，长春出版社出版。丛书每本10万字左右，其选目、内容和写法都是为中小学生“量身定制”的。我们希望这套丛书能作为基本图书进入中小学图书馆。和其他同类传记图书相比，“常春藤传记馆”丛书有四个特色：

一是传主覆盖范围广。包括中外古今各个领域的名人，涉及政治、军事、科学、实业、社会活动、文学、艺术、革命等领域。重点考虑有代表性的、在精神层面可以给学生激励的那些名人。

二是和课程教学有呼应。中小学除了语文，各个学科的教材和教学都会涉及中外古今各个领域的著名人物，选择主题首先考虑这一情况，选取学生有所接触又可能希望进一步了解的那些名人。这可以满足学生不同的兴趣爱好。

三是专门为中小学生编写。本套传记不是专业性强的评传，而是重在勾勒传主生平事业贡献的小传，内容和文字力求深入浅出，生动形象，有趣有味。阅读对象接受水平可以定位在初中程度，也可以稍高一点。特别是有些理科方面的传记，主要面对高中生。其实，小学生的课外阅读也要取法乎上，他们可以读这套为中等文化水平的读者设计的书。

四是内容安排上特别注重励志及健全的人格心理引导培养，在叙说传主生平事迹时，适当地自然地凸显这些方面的思考。

丛书取名“常春藤传记馆”，有特别的含义。“常春藤”是一种多年生常绿藤类灌木。美国哈佛大学等几所著名的私立大学，组成体育联盟，叫“常春藤盟校”，其起名是因为这些老校的校舍墙上常攀缘有常春藤。本丛书以“常春藤传记馆”作为标识，是虚拟的意象，可以联想到著名的学府，也可以联想到古代的书院，从而营造浓郁的阅读氛围和宁静的心境。另外，“常春”和“长春”同音，暗含这套丛书是由长春出版社出版的。

但愿广大师生喜欢这套书，也期盼大家提出批评建议，共同来经营好这套书，让“常春藤传记馆”更好地满足广大读者，特别是中小学生课外阅读的需求，满足语文教学的需求。

2016年6月30日济南历下

（温儒敏，山东大学一级教授，北京大学中文系教授，教育部聘义务教育语文教科书总主编）

目录

contents

第一章
早年生涯

一

老舍诞生在北京西城护国寺街小羊圈胡同一个姓舒的满族贫民家里。1899 年出生，生日正值农历腊月二十三，俗称小年，是祭灶日。祭灶日是民间重要的节日，是百姓忙活了一整年希望灶神能够上天言好事的日子，希望来年不要再有什么灾难，一家子能够平平安安，健健康康。但灶神却帮不上什么忙，老舍，还有他的家和国，都多灾多难。

说到灾难，就要从老舍的父亲舒永寿说起。舒永寿属正红旗，是清朝保卫皇城的护军，一大家子都靠着他的三两银子军饷生活。在小羊圈胡同，舒家是很普通的一家。舒家本来不是很穷，

1900 年八国联军侵华，北京城被攻破，老佛爷慈禧仓皇出逃，守城的士兵舒永寿被侵略者的烧夷弹活活烧死了。舒家因此没有了经济来源，老舍的母亲马氏不得不拼命地做活和给人洗衣裳来补贴家用。

父亲去世时，哥哥不到十岁，三姐十二三岁，老舍才一岁半，全仗母亲独力抚养。哥哥也没有多少时间陪伴幼年的老舍。有时候，他去读书；有时候，他去学徒；有时候，他也去卖花生或樱桃之类的小东西。母亲含着泪把他送走，不到两天，又含着泪接他回来。母亲和三姐做事，老舍就在后面跟着。她们浇花，老舍也张罗着取水；她们扫地，老舍就撮土……从那时起，老舍懂得了爱花，爱清洁，守秩序。这些习惯老舍一生都保持着。

多年以后，八九岁的老舍偶然翻到父亲留下的一块腰牌，上面写着“面黄无须”四个字。这块腰牌是用来说明守城士兵舒永寿的长相特征的，虽然很粗糙，简直没有什么特征，但却是唯一不是老舍从亲友口中知道的父亲的特征。老舍对此很是珍惜，后来写自传时也就写自己“面黄无须”。老舍就是这样默默地纪念着父亲，爱着父亲的。对于母亲，老舍又是另一份感情，他觉得自己从母亲那里获得的是生命教育。老舍说：“生命是母亲给我的。我之能长大成人，是母亲的血汗灌养的。我之所以能成为一个不十分坏的人，是母亲感化的。我的性格、习惯，是母亲传给的。”

二

1906 年，老舍 8 岁，到了该上学的年纪了。可惜家境并没有好转，母亲虽然着急，但只能听天由命。如果不是大善人刘寿绵偶然来到舒家，恰好又想找一个小孩陪他家的孩子去上学，老舍会像他的祖辈和哥哥一样，永远与读书无缘。

刘寿绵愿意出钱让老舍上学，可年幼的老舍自尊心很强，他感觉自己像一条不体面的小狗似的，跟在阔人后面去上学。但不管怎样，老舍现在是新街口正觉寺胡同北京私立慈幼学校的学生了。因为有刘寿绵的特别介绍，校长刘厚之对老舍特别照顾。老舍确实是读书的材料，虽然数学和绘画不算优秀，但《三字经》《百家姓》《千字文》等都读得好，作文方面更是表现出难得的宿慧。两年之后，老舍由慈幼学校转入北京西直门大街市立第二小学堂读小学三年级，学费仍然由刘寿绵资助。在这里，老舍遇到了自己一生的朋友罗常培。放学后，他们常常一起去茶馆听评书，《小五义》《施公案》都是那时候听来的。当然，朋友有通财之义，家境好一点的罗常培总是替老舍付钱。1912 年，第二小学堂改为第四女子小学，老舍和所有男生被并入西直门南草厂京师第十三国民及高等小学校。

读书期间，老舍家中仍十分贫穷。新年本来是最热闹的，但在老舍的记忆里，却是最寂寥的。家里有一张《王羲之换鹅》图，每逢除夕，母亲必把它从一个神秘的地方找出来，挂在堂屋里。有一年除夕，老舍傍晚时回到家，母亲并没有把“王羲之”找出来。吃过晚饭，老舍告诉母亲还得回校。母亲愣了半天，没说什么。老舍慢慢地走出去，她跟着走到街门。摸着口袋中的几个铜子，老舍不知道走了多久才走到学校。到了学校，学监先生正在学监室门口站着。他先问老舍：“回来了？”老舍行了个礼。他点了点头，笑着叫了老舍一声：“你还是回去吧。”老舍就又回到了家。此时，母亲正对着一支红烛坐着，见到老舍，脸上露出了笑容，拿出一个细草纸包说：

“给你买的杂拌儿，刚才一忙，也忘了给你。”母子好像有千言万语，只是没有精神说，早早地就睡了。

1912 年底，老舍小学毕业。随后，1913 年初，考入京师市立第三中学。这时的刘寿绵因乐善好施，家中财产所剩无几，不能再资助老舍上学了。家财散尽的刘大善人，后来出家当了和尚，人称宗月大师。老舍一生对他充满感激和尊敬。1939 年宗月大师在给人诵完经后就坐化了。老舍得知后疑惑道：“他是不是真的成了佛?”

辛亥革命后平民教育开始发达，新成立的北京师范学校不但不收费，而且对录取的学生，还给予生活上的补助。在京师市立第三中学读了半年书，因交不起学费而退学的老舍，在 1913 年 7 月报考了北京师范学校。既不用家里出钱，又能有些生活上的帮补，老舍得以继续读书。

在北京师范学校学习的 5 年时光，老舍得到国文教员宗子威的指导，爱上了中国古典文学，开始写旧体诗和散文。老舍念念不忘的是校长方还。方先生的书法和文章造诣极深，当时老舍散文学桐城派，诗学陆游与吴梅村，都是因为受到方先生的影响。他还送给老舍一副对子，用笔运墨之妙，可以算是杰作。在抗战前，无论老舍在哪里安家落户，总把它悬挂在最显眼的地方，后来因为战乱失落了。老舍还记得上面的文字，“四世传经是谓通德，一门训善惟以永年”。老舍希望自己是个有学问的好人。

1918 年 6 月，老舍从北京师范学校本科第一部四班以品学兼优的成绩毕业，不久就被京师学务局委派任京师公立第十七高等小学校兼国民学校校长。

此时，老舍 20 岁，他回到家里告诉母亲，您可以歇歇了！

一切似乎都要尘埃落定了。但我们读老舍毕业前写的几首七律，却发现他满腹惆怅，对进入社会工作，并没有完全准备好。且看题为《年光不再，逝者如斯；五载春风，瞬将毕业矣。驽钝依然，前途惘惘，乃感赋四律》的四首诗：

几行热泪抵千言，检点青毡别小园。
花解听诗愁对月，人能作赋黯销魂。
苍头未著狐皮帽，青眼先看犊鼻裈。
东去康成还自誓，生平不许谒金门。

狂搜行箧有诗留，五载音尘一卷收。

梁燕分巢云路渺，塞鸿举翮雪霜道。
丹羞小吏曾师马，黄号通儒本业牛。
踏尽山河倾尽酒，他年再作故园游。

迢递年光逝若斯，此身堪笑欲何之。
充饥惟啖朱詹纸，干禄羞吟白傅诗。
细雨酿花人自瘦，峭风吹梦泪先知。
愁看临别窗前草，青似当年入学时。

惭愧庭花五度红，诗书依旧马牛风。
江山离乱惟余恨，肝胆轮囷本耐穷。
雨洗荒碑疑拓墨，日斜孤塔挂残虹。
独骑款段都门去，回首长亭十里中。

诗的大概意思是说：我现在就要收拾衣帽毕业了，很不舍，心中纵有千言万语，也都化作几行热泪。花如果能听懂我的诗，就会对着月亮感到离愁，古人写离别的赋，也是黯然销魂，情绪很低落的。我现在好比还没戴上狐皮帽的著名将领沈庆之，头裹青巾，但希望大家青眼相看，把我当作穿着三尺大短裤、没有发迹的司马相如。将来我会像学问大成的东汉大儒郑玄一样，一心向学，决不拜谒金门，当什么官，向王公贵族低头。

我的行囊中留有几首诗，写尽了五年来的一切。如今我们就像梁上的燕子，塞外的大雁，各奔东西，前路遥遥。我记得东汉的范丹不甘心一辈子当个小官吏，就去拜当时的大学问家马融为师，还有东汉的黃宪，后世称为通儒。他的父亲本是个牛医。我也有我的志向，等我游遍大好河山，一定再回到学校来。

时光过得真是快啊，自己将来能到哪里去呢？我是不会去当什么官的，饿了就像六朝的朱詹那样吞纸充饥，否则都羞于吟诵白居易的诗了。面对花间的细雨，我懂得了词人李清照的忧愁。当冷风如梦，眼泪总是先感知到而落下来。现在就要离开了，看着窗前的草就像当年入学时一样青，一切恍如昨日。

真是惭愧，校园里的花都红了五回了，诗书和我还是风马牛不相及，什么关系都没有。现在离乱之时，虽然离愁别绪满怀，但我有大勇气，有大气魄，能耐得住贫穷。雨水洗过的荒芜的石碑就像是谁在上面拓墨一样，夕阳西下，孤塔上挂着将要看不见的残红。我一个人骑马慢慢离城市而去，不停地回头看送别的十里长亭，离愁难耐啊！

老舍舍不得告别美好的校园生活和青春岁月，却也只有道一声再见。他表示自己耐得住贫穷，守得住气节，希望像古代的大学问家一样，名留青史。但是，前路茫茫，他并不知道路在哪里。我们通过这几首诗，仿佛看到了老舍在北京师范学校的风华岁月，更感受到他“穷且益坚，不坠青云之志”的精神。虽然读完诗，我们可能和青葱岁月的老舍一样，并不知道他将来会变成什么样，但他大概会是个以笔为生的人吧。

三

当上校长以后，老舍的人生和事业都算是蒸蒸日上，学校管理得井井有条，师生也很喜欢这位年轻的校长。生活上也不像以前那么难堪。每逢拿到薪水，他便回家给母亲送一点钱去。

但是，老舍总感到世界非常空寂，很是寂寞。他是个好热闹的人，愿意世界被填得满满的，否则就不觉得快乐。那就花钱吧，去看戏，逛公园，喝酒，买“大喜”烟抽。因为看戏有了瘾，老舍便去和朋友学几句，赶到酒酣耳热时，也能喊两嗓子。好歹喊喊总是痛快的。老舍酒量不大，只是很喜欢喝，凑上二三知己，便要上几

斤。喝到大家都舌短的时候，才正爱说话，说得爽快亲热，真露出点燕赵多慷慨悲歌之士的气概来。喝醉归来，有时候把钱包手帕一齐交给洋车夫给保存着，第二天醒过来，一边伤心钱包丢了，一边则觉得自己豪放不羁，像个英雄侠客。

有一次，好友卢嵩庵从柳泉居运来一坛子“竹叶青”，又约来两位朋友——内中有一位是不会喝的——大家就抄起茶碗来。月亮还没上来，坛子已空。干什么去呢？打牌玩吧。第一把牌刚码好，老舍酒劲上来，睡着了。

后来，老舍表示想不起有什么事会比打牌更有害处的。喝多了酒会伤身，但是刚醉过了，谁都不会马上再去喝，除非是借酒自杀的。打牌就不然了，明知有害，还要往下干，有一个人说“再接着来”，谁都舍不得走。这时候，人好像已被那些小块块们给迷住，冷热饥饱都不去管，把一切卫生常识全抛在一边。越打越多抽烟喝茶，越输越往上撞火。鸡鸣了，手心发热，脑子发晕，可是谁也不肯不舍命陪君子。打一通宵的牌，比害一场病的损失还要大得多。但是，年轻气盛，谁管这一套呢！

那时候，婚姻自由的理论刚刚被青年们认为

是救世的福音，而母亲却暗中给老舍定了亲事。为退婚，老舍很着急。他是笃定非要做个新人物不可的，但又恐太伤了母亲的心，左右为难，心里结成了一个小疙瘩。老舍请来三姐给自己说情，母亲双眼含泪，到底点了头。老舍爱母亲，觉得自己给了她最大的打击。婚约是废除了，可是他却得了一场很重的病。

起初，老舍只觉得浑身发僵。洗澡，不出汗；满街去跑，不出汗。两三天下去，老舍服了一些成药，无效。夜间，做了个怪梦，梦见自己仿佛是已死去，清清楚楚地听见大家的哭声。第二天清晨，老舍回了家，便起不来了。

医生是过去清廷太医院的，但给开的什么药，已不可考。等老舍又能下了地，头发已全体与他脱离关系，头光得像个磁球。半年以后，老舍还不敢对人脱帽。

经过这一场病，老舍开始检讨自己：那些嗜好必须戒除，从此要格外小心，这不是玩的！

可是，到底为什么要学这些恶嗜好呢？老舍觉得，原来是因为每个月都有百十块的薪水，而工作又十分清闲。那么，要不去胡闹，就必定先有些正经事做；清闲而报酬优的事情只能毁了自己。总归是因为生活没有什么目标，完全沉溺在物质的世界里了。

恰巧，这时候老舍的上司申斥了他一顿，他便决定辞职。有的人说他太负气，有的人说他被迫不能不辞职，老舍都不去管，找了个教书的地方——南开中学，一个月挣五十块钱。在金钱上，老舍受了很大的损失；在体力上，自然也要多受好多的累。可是，老舍觉得很快活，生活到底有了个样子，人生似乎有了目标和价值：又摸着了书本，一天到晚接触的都是可爱的学生们。

除了还吸烟，老舍把别的嗜好全都放下了。挣的钱少，做的事多。一晃半年，老舍再没喝醉过一回，再没摸过一次牌。累了，便在校园里转一转，或到运动场外看学生们打球，活动完全在学校里，心里特别宁静，生活也特别有规律。

此后，身心大变的老舍信奉了基督教。据《中华基督教会年鉴》1924 年第 7 期载：“舒舍予……年二十六岁，北京人，民国十一年领洗隶北京缸瓦市中华基督教会，曾任京师劝学员、南开中学教员、北京地方服务团干事，现任京师第一中学教员，缸瓦市中华基督教会主日学主任。”这时，他抱定了为民为国牺牲之念，更名“舍予”。基督教的博爱精神影响了老舍的一生。不久，因教会关系，由易文思介绍他去英国东方学院教书，教的是汉语。

四

在老舍踏上英国之旅之前，1919 年，爆发了五四运动。老舍没有参加五四运动，但他日后能成为一个作家，恐怕跟五四运动有点关系。

> 假若没有五四运动，我很可能终身做这样的一个人：兢兢业业地办小学，恭恭顺顺地侍奉老母，规规矩矩地结婚生子，如是而已。我绝对不会忽然想起去搞文艺。
>
> 这并不是说，作家比小学校校长的地位更高，任务更重；一定不是！我是说，没有“五四”，我不可能变成个作家。
>
> “五四”给我创造了当作家的条件。
>
> 首先，我的思想变了。五四运动是反封建的。这样，以前我以为对的，变成了不对的。我幼年入私塾，第一天就先给孔圣人的木牌行三跪九叩的大礼；后来，每天上学下学都要向那牌位作揖。到了“五四”，孔圣人的地位大为动摇。既可以否定孔圣人，那

么还有什么不可否定的呢？他是大成至圣先师啊！这一下子就打乱了两千年来的老规矩。这可真不简单！我还是我，可是我的心灵变了，变得敢于怀疑孔圣人了！这还了得！假若没有这一招，不管我怎么爱好文艺，我也不会想到跟才子佳人、鸳鸯蝴蝶有所不同的题材，也不敢对老人老事有任何批判。五四运动送给了我一双新眼睛。

其次，五四运动是反抗帝国主义的。自从我在小学读书的时候，我就知道了国耻。可是，直到“五四”，我才知道一些国耻是怎么来的，而且知道了应该反抗和反抗什么。以前，我常常听说“中国不亡，是无天理”这类的泄气话，而且觉得不足为怪。看到了五四运动，我才懂得了“天下兴亡，匹夫有责”。这运动使我看见了爱国主义的具体表现，明白了一些救亡图存的初步办法。反封建使我体会到人的尊严，人不该做礼教的奴隶；反帝国主义使我感到中国人的尊严，中国人不该再做洋奴。这两种认识就是我后来写作的基本思想与情感。虽然我写的并不深刻，可是若没有五四运动给了我这点基本东西，我便什么也写不出了。这点基本东西迫使我非写不可，也就是非把封建社会和帝国主义所给我的苦汁子吐出来不可！这就是我的灵感，一个献身文艺写作的灵感。

最后，五四运动也是个文艺运动。白话已成为文学的工具。这就打断了文人腕上的锁铐——文言。不过，只运用白话并不能解决问题。没有新思想，新感情，用白话也可以写出非常陈腐的东西。新的心灵得到新的表现工具，才能产生内容与形式一致新颖的作品。“五四”给了我一个新的心灵，也给了我一个新的文学语言。到了五四运动时期，白话文学兴起，我不由得狂喜。假若那时候，凡能写几个字的都想一跃而成为文学家，我就也是一个。我开始偷偷地写小说。我并没想去投稿，也没投过稿。可是，用白话写，而且字句中间要放上新的标点符号，那是多么痛快有趣的事啊！再有一百个吴梅村，也拦不住我去试写新东西！这文字解放（以白话代文言）的狂悦，在当时，使我与千千万万的青年不知花费了多少心血，消耗了多少纸笔！

> 这种狂悦可并不一定使人搞清楚思想，反之，它倒许令人迷惘，伤感，沉醉在一种什么地方都是诗，而又不易捉摸到明朗的诗句的境界。我就是那样。我想象着月色可能是蓝的，石头是有感觉的，而又没有胆子把蓝月与活石写出来。新诗既不能得心应手，有时候我就在深夜朗读《离骚》。
>
> 感谢“五四”，它叫我变成了作家，虽然不是怎么了不起的作家。

当然，我们不能完全信了老舍自己的意见。没有五四运动之前，中国也有很多作家，同样是满族人，“五四”之前的曹雪芹还是大作家呢。能不能成为一个作家，因缘复杂着呢，一个大的时代并不能解决个人的所有问题。

第二章
逆旅文心

一

1924年夏末，老舍坐船去了英国。老舍的这一趟英国之行，可谓阴差阳错。因为这次历时5年多的英国之行，本是要去做对外汉语教师的，谁也无法预见，一个名叫舒庆春的中国作家诞生了。

坐在船上，看着一望无际的大海，老舍就像看到了母亲沧桑的脸，心中如同打翻了调料瓶，百味杂陈。年近而立，自己想做的事情还不知道到底是什么事情，拒绝了母亲关于婚事的安排，可是自己心爱的人在哪里呢？没有成家，也没有立业，如今却漂洋过海到一个从来没去过的地方去，并且连语言也不容易交流，真不知道图的是

什么。在连天涌动的海浪中，老舍仿佛失去了自己在天地间的位置。他唯一坚信的是，不管未来如何，必须做出改变。

9月14日，老舍乘坐的轮船停靠在英国泰晤士河上的蒂尔伯里码头。

虽然在北京参加教会活动时，老舍经常跟外国人打交道，也总是使用英语，甚至为了去伦敦，还专门学习了英语，但他的英语口语并不算好，听力也一般，英语词汇不够的时候，就汉语来凑，中英夹杂。可是，既来之则安之。有时，人想改变自己的勇气和努力，是连我们自己也想象不到的。

船靠岸了，大家都往下搬行李，老舍看出来了，也得下去。检验护照，老舍是最后一个，因为英国人不像我们中国人这样客气，不是英国人，就得等着。等了一个多钟头，该老舍了。双方心照不宣地沟通了几个来回，英国那边就在老舍的护照上盖上了戳儿，他看明白了："只准停留一个月。"没有被直接遣送回国，就不算失败。老舍也不管那么多，下船要紧，别人都走了，还得检查行李呢。这回倒干脆：

"烟?"

"No. "

"丝?"

"No. "

皮箱上画了一道符，放行。老舍看别人买车票，也跟着买了张，终点是伦敦。火车上很干净，很有条理和秩序。火车越往伦敦走，四外越绿，高高低低全是绿油油的。太阳有时出来，有时进去，绿地的深浅时时变动。远处的绿坡托着黑云，看不见庄稼，处处是短草，有时看见一两头摇尾食草的牛。

火车到终点了，站台上不少接客的男女，接吻的声音与姿势各有不同。几十天乘船下来，老舍也见怪不怪，早没有什么男女授受不亲的想法。他也跟着下来了，上哪儿呢?

啊，来了救兵，易文思教授向他招手呢！易文思教授曾在中国活动多年，是个中国通，中国话比老舍的英语好多了。他与老舍一人一件行李，走向地铁车站。虽然第一回见地铁，可是这一路下来，第一回见到的东西多了，况且有了易文思教授，老舍觉得就算下地狱也不怕了。坐地铁到了利物浦大街，一个大车站，老舍把行李交给了转运处，他们自会给送到家去。

车站上，地铁里，转运处，咖啡馆，给老舍留下了深刻印象：外面都是乌黑不起眼，可是里面非常清洁有秩序。他后来甚至认为，英国人也是这样。脸板得要哭似的，心中可是很幽默，很会讲话。

易文思教授告诉老舍，已经找好了房子，和许地山住在一块。许地山？老舍立时觉得不再举目无亲。许地山可是自己在北京参加基督教活动认识的老朋友了，虽然是个名作家，可是为人毫无架子，还爱说玩笑话，和自己是顶相投的了。也不知是易文思教授安排得妙，还是机缘凑巧，反正他乡遇故知，人生一大喜。

住的地方离伦敦有 11 英里，坐快车得走半点多钟。他们就在车站上了车，赶到车快到目的地，又看见大片的绿草地了。下了车，易文思教授笑了，说老舍给带来了阳光。果然，树上还挂着水珠，大概是刚下过雨。

9 月初的天气，地上潮阴阴的，树和草都绿得鲜灵灵的。由车站到住处还要走 10 分钟。周末街上没有多少行人，汽车电车上也空空的。街道很宽，可铺户不大，都是些小而明洁的，此处已没有伦敦那种乌黑色。铺户都关着门，路右边有一大块草场，远处有一片树林。

最使老舍难忘的是一进了胡同：路是柏油碎石子的，因为刚下过雨，路边上还有些流水。两旁都是小房，多数是两层的，瓦多是红色的。走道上有小树，像冬青树，结着红豆。房外两尺多的空地全种着花草，有闻名已久的英国晚玫瑰。窗户都垂着窗帘，绿蔓爬满了窗沿。那些房子实在不是很体面，可是被静寂、清洁，花草红绿的颜色，雨后的空气与阳光，营造出一种特别的味道。它是城市，也是村庄，它本是在伦敦做事的白领阶层的居住区所。房屋表现着小市民气，可是有一股清香的气味和一点安适太平的景象。

老舍住的地方也是两层的小楼，门外也种着一些花，虽然没有什么好的，倒还自然，窗沿上悬着一两枝灰粉的豆花。房东是两位老姑娘，姐姐已白了头，胖胖的，似乎不太机灵，话很少。妹妹当过教师，说话很快，可是很清晰，有四十上下了。妹妹很尊敬易文思教授，并且感谢他给介绍两位中国朋友。

老舍到的时候，许地山正在屋里写小说，用的是一本油盐店的账本，笔可是钢笔，时时把笔尖插入账本里去，似乎表示着力透纸背。

后来，久在他乡，备感寂寥的老舍，也这么写小说。

房子很小，楼下是一间客厅，一间饭室，一间厨房。楼上是三个卧室，一个浴室。由厨房出去，有个小院，院里也有几棵玫瑰。难怪英国史上有玫瑰战争，到处有玫瑰，而且种类很多。院墙只是矮矮的木树，左右邻家也有不少花草，左边院中还有几株梨树，挂了不少果子。

许地山告诉老舍，房子都是妹妹一个人收拾的；姐姐本来就傻，对于工作更会“装”傻。她们的父亲是开面包房的，死时把买卖给了儿子，把两所小房给了两个女儿。姐妹俩卖出去一所，把钱存起吃利息，住一所，租两个单身客，也就可以维持生活。哥哥不管她们，她们也不求哥哥。妹妹很累，她操持一切。

易文思走后，姐姐戴起大而多花的帽子，去做礼拜。妹妹得做饭，只好等晚上再到教堂去。她们很虔诚，同时，教堂也是她们唯一的交际所在。路上慢慢有了人声，多数是老太婆与小孩子，都是去做礼拜的。偶尔也跟着个男人，打扮得非常庄重，走路很响，是英国小绅士的味儿。

饭好了，姐姐才回来，傻笑着。许地山故意

问她，讲道的内容是什么？她说牧师讲得很深奥，都是哲学。饭是大块牛肉。英国普通人家的饭食，好处是干净。茶是真热，口味实在是不合。从当天起，老舍看见牛肉就没有什么好感。

饭后，又没了声音。看着屋外的阳光出没，老舍希望有点蝉声。可是，什么声音也没有。连老朋友许地山也不讲话了。寂静使老舍想起家来，便开始写信。

许地山又拿出账本来，写他的小说。

为了学英文，老舍念过一些英文小说，可是还没想起来写作。这会儿老舍开始拿起笔回忆往事，排遣想家的寂寞。那些事既都是过去的，想起来便像一些图画，大概那色彩不甚浓厚的根本就想不起来了。这些图画常在心中来往，每每在读小说的时候使老舍忘了读的是什么，而呆呆地忆及自己的过去。小说中是些图画，记忆中也是些图画，为什么不把自己的图画用文字画下来呢？这大概就是读老舍的小说，总是能读出浓浓的乡愁，读出英国小说的味道的一些原因吧。

二

老舍在东方学院的收入不高，又要寄一些回

国孝敬母亲，手头就有些紧张。再加上离学校不近，一个冬天过去，他就到伦敦租房子住了。许地山忙着做他的宗教研究，还要写小说，早就去牛津住了。老舍在东方学院遇见一个叫艾支顿的人，正在那里学汉语。他见到老舍，就说彼此交换知识，老舍教他些中文，他教老舍些英文，岂不甚好？为了学习方便，艾支顿提议最好是住在一处，假若老舍出房钱，他就供给老舍饭食。这算是正中老舍下怀。

从此，老舍和艾支顿合租一层楼，一住就是三年。因为两人日常多是用英语交流，老舍不再是那个初来乍到说话中英夹杂的人了。

和老舍合租的时候，艾支顿还有点落魄，直到老舍离开英国之后，才有了稳定的职业。总之，他们算是患难之交。老舍还热心地帮助艾支顿翻译中国古典小说《金瓶梅》，译成之后，成为唯一的英译本。艾支顿声明："我在此特别向舒庆春先生致谢，他是东方学院的中文讲师，在我完成这部书翻译的初稿的时候，如果没有他慷慨的帮助，我根本没有勇气完成这个任务。"

艾支顿的父亲是牧师，但他自己并不信教。人相当聪明，好读书，还会拉丁文、希腊文、德文、法文，英文尤其漂亮。老舍之所以愿意同艾支顿住在一处，很大原因也是为学那地道的英文。

艾支顿的妻子每天早晨起来，做好早饭，便急忙出去工作。下午 5 点下班，又得给老舍他们做晚饭。她的烹饪本事不算高明，食客一有点不爱吃的表示，她便立刻泪在眼眶里转。有时候，艾支顿卖了一本旧书或一幅画，手中有点钱，笑着请大家出去吃一顿。有时候老舍看艾支顿夫人太疲乏了，就请他俩吃顿中国饭。

艾支顿的朋友也都差不多。有一位年轻的工人，谈吐很好，可是时常失业，倒不是他犯了错，只是工厂时开时闭，毫无办法。这人是个社会主义者，每逢来看艾支顿，他俩便粗着脖子红着脸地争辩。艾支顿很有口才，不过与其说他是为政治主张而争辩，还不如说是为争辩而争辩。还有一位可爱的小老头也常来。德文、意大利文、西班牙文，他都能读能写能讲，但是找不到事做。闲着没事，他只好为一家瓷砖厂吆喝买卖，拿一点酬劳。另一位老先生，常到那一带来给人家擦玻璃，后来成为艾支顿和老舍的朋友。这老头是博士，赶上老舍他们在家，他便一边擦着玻璃，一边讨论文学与哲学。孔子的哲学，泰戈尔的诗，他都读过。

见到这些人，又成了朋友，老舍从他们身上感到了资本主义社会的崩溃与罪恶。这些人都有知识，有能力，可是被那个社会制度捆住了手，使他们抓不到面包。成千上万的人是这样，而且有远不及他们三个的，找个事情真比登天还难！老舍后来在小说《骆驼祥子》里描写祥子走上绝路的一生，大概和这时的经历是有些关系的。

他们那层楼的租约是三年。艾支顿也一直闲了三年。后来房东要加租，他们就分开了，因为再找那样便宜和恰好够三个人住的房子是不大容易的。虽然不在一块儿住了，他们还时常见面。艾支顿只要手里有够看电影的钱，便立刻打电话请老舍去看电影。即使他的手中空空如也，也会约老舍到家里来吃一顿饭。当然，老舍去的时候也给他们买些东西。这一点上，艾支顿不像普通的英国人，他好请朋友，也很坦然地接受朋友的约请与馈赠。有许多地方，他都带出点浪漫劲儿，但他到底是个英国人，不能完全放弃绅士的气派。

离开艾支顿夫妇之后，老舍住了半年的公

寓。在公寓里，晚饭得出去吃，既费钱又麻烦，所以老舍又去找房间。这回是在伦敦南部找到了一间房子，房东是老夫妇，带着个女儿。房东达尔曼先生是地道的英国小市民，日常聊天不过是重述伦敦《晨报》上的消息与意见。凡是《晨报》所说的都对！他有房，有点积蓄，勤苦，干净，只晓得自己的工作是神圣的，英国人是世界上最好的人。达尔曼太太是丈夫的复制品，她的意见不但得自伦敦《晨报》，而且是由达尔曼先生念的那几段伦敦《晨报》，她没工夫自己去看报。

达尔曼姑娘只看伦敦《晨报》上的广告。有一回，或许是因为看老舍总是拿着本书，便要借一本小说。老舍随手给了她一本威尔士的幽默故事。念了一段，她的脸都气紫了！老舍赶紧出去在报摊上给她找了本罗曼司，内容大概是一个女招待嫁了个男招待，后来才发现这个男招待是位伯爵的继承人。这本小书使她对老舍又有了笑脸。

她没事做，所以在分类广告上登了一小段广告——教授跳舞。她的技艺如何，老舍不知道，不过她声明愿意半价教老舍跳舞的时候，老舍愣没出声。把知识变成金钱，是她和一切小市民的格言。达尔曼姑娘有点苦闷，没有男朋友约她出去玩耍，往往吃完晚饭便假装头疼，跑到楼上去睡觉。婚姻问题在那个经济不景气的国度里，真是个令人头疼的问题。“房东太太的女儿”往往成为留学生的夫人，这是有些留学生写的留学生活小说的好材料。其实，里面的意义并不只是留学生的荒唐。

达尔曼一家零零碎碎的生活细节，我们可以在老舍这个时期写的小说《二马》中读到，小说里也有一对有些奇怪的英国母女。

三

在东方学院教书的五年期间，因为忙，也因为钱不够花，老舍只是偶尔离开伦敦几天，到乡间或别的城市去游玩，其余的时间都消磨在这个大城市里。

东方学院是伦敦大学下属的一个学院，教授远东近东和非洲的一切语言文字。重要的语言都成为独立的系，如中国语、阿拉伯语等。在语言之外还讲授文学哲学什么的。次要的语言，就只设一个固定的讲师，不成系，如日本语。假如有人要特意请求讲授日本的文学或哲学等，也就由这个讲师包办。不甚重要的语言，便连固定的讲师也不设，而是临时去请教员，按钟点计算报酬。譬如有人要学蒙古语文或非洲的非英属的某地语文，便是这么办。

每个系一般都是有一位教授和两位讲师。教授差不多全是英国人，两位讲师总是一个英国人和一个外国人。这就是说，中国语文系有一位中国讲师，阿拉伯语文系有一位阿拉伯人讲师。这是三位固定的教员，其余的多是临时请来的，比如中国语文系里，有时候于固定的讲师外，还有好几位临时的教员，如果碰上有学生要学中国某一种方言的话。这系里的教授与固定讲师都是说官话的，那么要是有人想学厦门话或绍兴话，就非去临时请人来教不可。

这里的教授也就是伦敦大学的教授。这里的讲师可不都是伦敦大学的讲师。以老舍来说，聘书是东方学院发的，所以只算学院里的讲师，和大学不发生关系。那些英国讲师多数是大学的讲师，这倒不一定是因为英国讲师学问做得怎样好，而是一种资格问题。有了大学讲师的资格，他们才有升职的希望，由讲师而副教授而教授。

教授既全是英国人，如前面所说过的，那么外国人得到了大学的讲师资格也没有多大用处。在这里，老舍看出英国人的偏见。以梵文、古希伯来文、阿拉伯文等说，英国的人才并不弱于欧洲大陆上的各国；至于远东语文与学术的研究，英国显然追不上德国或法国。如果英国人愿意，他们很可以用较低的薪水到德法等国聘请较好的教授，可是他们不肯。他们的教授必须是英国人，不管学问怎样。这在学术上是吃了亏，可是英国人自有英国人的办法，决不会听别人的。

到东方学院来的学生，几乎没有任何的限制。只要交上学费，便能入学。于是，一人学一样，很少有两个学生恰巧学一样东西的。拿中国语文系说吧，老舍在那儿的时候，学生中就有两位 70 多岁的老人。一位老人专学中国文字，不管它们都念作什么，他指定要英国的讲师教他。另一位老人指定要跟老舍学，因为他非常注重发音。他对语言很有研究，古希腊、拉丁、希伯来语，他都会，到 70 多岁了，他要听听汉语是什么味儿。学了些日子汉语，他又选了日语。这两位老人都很用功，头发虽白，心却不笨。这一对老人而外，还有许多学生：有的学言语，有的念书，有的要在伦敦大学得学位而来预备论文，有的念元曲，有的念《汉书》，有的是要往中国去，所以先来学几句话，有的是已在中国住过十年八年而想深造……总而言之，他们学的功课不同，程度不同，上课的时间不同，所要的教师也不同。这样，一个人一班，教授与两个讲师便一天忙到晚了。这些学生中最小的一个才12岁。

因此，教授与讲师都没法开一定的课程，而是兵来将挡，学生要学什么，他们就得教什么；学院当局最怕教师们说“这我可教不了”。于是，教授与讲师就很不易当。有一回，一个英国医生要求教他点中国医学。老舍不肯教，教授也瞪了眼。结果，还是由教授和他对付了一个学期。由这一点来说，老舍很喜欢这个学院的办法，来者不拒，一人一班，完全听学生的。不过，要这样办，教员可得真多，一系里只有两三个人，而想使个个学生满意，是做不到的。

成班上课的也有：军人与银行里的练习生。军人有时候一来就是一群，这一群分成几组，三个学中文，两个学日文，四个学土耳其文……既是同时来的，所以可以成班。这是最好的学生。他们都是下级军官，差不多都是世家出身，所以

很有规矩，而且很用功。他们学会了一种语言，不管用得着与否，只要考试及格，在饷银上就有好处。据说会一种语言的可以每年多发100镑。他们在英国学一年中文，然后就可以派到中国来。到了中国，他们继续用功，而后回到英国考试，考试及格便可加薪水。老舍帮助考过他们，考题很不容易——口语，要能和中国人说话；文字，要能读报纸上的社论与新闻，能将中国的操典与公文译成英文。学中文的如是，学别种语文的也如是。这是英国人厉害之处，英国的秘密侦探是世界著名的，军队中就有这么多这么好的人才。和哪一国交战，他们就有会哪一国语言文字的军官。

老舍认得一个年轻的军官，才23岁，已通过4种语言的初级考试。老舍不由得想到：要打倒帝国主义得先充实自己的学问与知识，否则喊哑了嗓子只有自己难受而已。

最坏的学生是银行的练习生们。这些都是中等人家的子弟——不然也进不到银行——可是没有军人那样的规矩与纪律，他们来学语言，只为马马虎虎混个资格，考试一过，马上就把“你有钱，我吃饭”之类的口语忘掉。考试及格，他们就有被调到东方来的希望，只是希望，并不保准。即使真被派遣到东方来，他们早知道可以不说一句东方语言而把事全办了。他们是到这个学院预备资格的，不是预备语言的，所以不好好学习。教员们都不喜欢教他们，他们也看不起教员，特别是外国教员。没有比英国中等人家的 20 岁上下的少年更讨厌的了，他们有英国人一切的讨厌，而英国人所有的好处他们还没有学到。

班次这么多，功课这么复杂，不能不算是累活了。可是有一样好处，就是他们排课总设法使每个教员空闲半天。星期六下午照例没有课，再加上每周当中休息半天，合起来每星期就有两天的休息。再说呢，一年分为三学期，每学期只上十个星期的课，一年有五个月的假日，还算不坏。不过，假期中也有学生愿意上课。学生愿意，先生自然也得愿意，所以老舍不能在假期离开伦敦许多天。好处是，假期中上课，学费全归老师。

学院里有个很不错的图书馆，专藏关于东方学术的书籍，楼上还有些中国书。学生在上课前、下课后，不是在休息室里，便是到图书馆去。这里没有运动场等设备，学生们只好到图书馆去看书，或在休息室里吸烟，没别的事可做。

学生多数是一人一班，而且上课的时间不同，所以不会有什么团体与运动。每一学期不过有一次茶话会而已，在图书馆里开，全校的人都被约请。没有演说，没有任何仪式，只有茶点，随意吃。这个时候，学生才有彼此交谈的机会，老幼男女聚在一处，一边喝茶一边聊天。

假期内，学院里清静极了，只有图书馆还开着，读书的人也并不多。《老张的哲学》《赵子曰》《二马》都是老舍在这里写的。那时候，学院在伦敦城里，四外有好几个火车站，可是在学院里并听不到什么声音。图书馆靠街，正对着一块空地，有些花木，像个小公园。读完了书，到这个小公园坐一下，倒也方便。多年以后，老舍说，希望有机会再到伦敦去，再在这个图书馆里写上两本小说！

四

老舍在伦敦期间写的小说共三部，分别是《老张的哲学》《赵子曰》和《二马》，都是长篇小说，陆续发表在当时郑振铎主编的著名文学刊物《小说月报》上。当我们的作家以舒庆春的原名回到祖国时，早就名满天下了。

《老张的哲学》是老舍的处女作，大概花去了他1925年这一年的所有空闲时间。闲着就写点，有事便把它放在一旁，所以断断续续写了一年。许地山来到伦敦，他们一块儿谈得无话可说了，老舍便给许地山念上两段。许地山听了，只顾了笑。后来，他说寄到国内去吧。老舍最初没有这个勇气，说即使寄去，也得先修改一下。可是许地山却不发表任何意见，老舍也就寄了出去，寄给了郑振铎。两三个月后，《小说月报》登载出来。老舍到中国饭馆吃了顿"杂碎"，算是庆祝。

事实证明，许地山这一笑，不仅笑出了大作家老舍，而且为中国现代文学的长篇小说打开了新鲜的画卷。此前中国的长篇小说，要么不够新，要么不够长，要么不够紧凑，自从老舍的长篇小说接二连三地问世，这些问题就不那么让人着急了。

老舍说，《老张的哲学》没怎样受中国古典小说的影响，倒是受刚读的英国作家狄更斯的《匹克威克外传》影响大一些，所以写得泼辣恣肆，好像没有什么讲究。

《老张的哲学》的主人公老张是个通吃兵、

学、商三界的坏人形象。坏到什么程度呢？连自己的老婆饿了都不给吃东西，偷偷吃了一点，就被他一顿暴打，最后身亡。按说这样的小说应没什么好笑的，真的是悲惨世界。但老舍有办法从丑陋的人和丑恶的事中写出可笑之处来，一个坏人不但是坏的，而且是可笑的。比如小说中这样写道：

> 批评一个人的美丑，不能只看一部而忽略全体。我虽然说老张的鼻子像鸣蝉，嘴似烧饼，然而绝不敢说他不好看。从他全体看来，你越看他嘴似烧饼，便越觉得非有鸣蝉式的鼻子配着不可。从侧面看，有时鼻洼的黑影，依稀的像小小的蝉翅。就是老张自己对着镜子的时候，又何尝不笑吟吟地夸道："鼻翅掀着一些，哼！不如此，怎能叫妇人们多看两眼！"

读着这样的描写，任谁也不能不感到可笑。就这样，我们的作家老舍一本正经地把人物往夸张了写，你想不笑都不行。不过呢，毛病可能也就在这里，有点过火了，老张坏得有点蠢，看上去不太真实。

《老张的哲学》在《小说月报》上发表了，连载完之后，当时著名的文学团体——文学研究会出了单行本。自己的作品用铅字印出来总是件快乐的事，老舍趁着这高兴劲儿写了《赵子曰》。

老舍琢磨着，材料自然得换一换，上一次是讲些中年人，那么这次该换些年轻的了。写法可以不用改，把心中记得的人与事编排到一处就行。上一次是揭发社会人和事，这次就写一群学生。

对于老舍来说，《老张的哲学》中的人多半是他亲眼看见的，其中的事多半是他亲身参加过的，人与事都有个影子，写起来就顺。但写《赵子曰》，很多地方就要靠想象，没那么顺利了。因此，老舍在解放与自由的声浪中，在严重而混乱的场面中，找到了笑料，看出了缝隙。这是旁观者的隔膜，当然也不能说一无是处。

从结构上来说，《赵子曰》要比《老张的哲学》紧凑一些，仍有《老张的哲学》读来好笑好玩的味道。老舍的朋友宁恩承作为第一读者，一边读，一边笑，笑得把盐当作了糖，放到茶里。

我们没办法知道老舍的朋友读到哪些文字后错把盐当成了糖，下面摘取一段书中的描写，相信你也要笑得前仰后合了：

公寓老板常对有考古癖的客人们说："在公寓开张以前，这本来是两家的房子，中间隔着一堵碎砖砌的界墙。现在那段粉板墙便是界墙的旧址。"此外，他还常含着泪说，"拆那堵界墙的时候，从墙基发现了一尊小铜菩萨。他把那尊菩萨卖了三块洋钱。后来经别人一转手卖给一个美国人，竟卖了六百块大洋。"到如今那群有考古癖的人们，想起来就替公寓老板伤心，可是很少有追问那尊小菩萨到底是哪一朝代的。因为有这样的结构，所以客人们管外部叫"紫禁城"，内部叫"租界"。一因其整齐严肃，一因其散落幽静。证之事实，"紫禁城"和"租界"两个名词用得也颇俏皮恰当，外部的房屋齐整（十五间中甚至于有两间下雨不漏水的），租价略高，住客们自然的带一些贵族气象。内部呢，地势幽僻，最好作为打牌喝酒的地方，称为租界，信为得体。就是那半间厕所，当客人们不愿见朋友或债主子的时候，也可以权充外国医院，为，好像，政客们的托疾隐退之所。

小说的主人公赵子曰比起老张来，算不上一个坏人，只是一个爱慕虚荣的大学生。爱慕虚荣的人，总是容易惹出一些令人发笑的事。虽然把五四运动前后的大学生写得很虚荣，似乎不太合适，但任何大的历史事件之下，总有些角落和缝隙是不见得有多么光彩的，所以像我们的作家老舍那样，留下一笔，一笑了之，应该也算是有意义的事情吧。

《二马》是老舍比较满意的作品之一，也可以算是他早期小说的代表作，所以我们不妨多了解一些。

写《二马》的时候，老舍已是颇有一些经验的作家了，认为心理分析与描写工细是当时文艺的特色，觉得自己以前两部作品都有些粗劣，决定往“细”里写。因此，《二马》中的细腻处是在《老张的哲学》与《赵子曰》里找不到的。人的思想不必一定随着年纪而往稳健里走，可是文字的风格差不多是越写越细的。读与写的经验增多，对形式的讲究也就多了起来，不管个人愿意这样与否。

《二马》从故事的结局写起，在老舍看来，就是“求细”的证明：先有了结局，自然是对故事的全盘设计已有了设定，不能再信口开河。英国小说家康拉德把故事看成一个球，从任何地方起始它总会滚动。老舍也把《二马》当成了一个球，并且滚起这个球。

得益于朋友白涤洲的批评，说老舍在《老张的哲学》和《赵子曰》里往往把文言与白话夹裹在一处，虽然读来可笑，其实却是一个毛病，不该这样讨巧。老舍当时还不以为然，说自己想把文言溶解在白话里，以提高白话水平，使白话成为雅俗共赏的东西。可是不久就明白过来，利用文言多少是有点偷懒。把文言与白话中容易用的、现成的，都拿过来，而毫不费力地做成公众讲演稿子一类的东西，不是偷懒吗？所谓文艺创作不是兼思想与文字二者而言吗？那么，在文字方面就必须努力，做出一种简单的、有力的、可读的，而且美好的文章，才算本事。这以后，老舍渐渐地走上了文学语言大师的道路。

老舍开始在《二马》中进行实验，要把白话文的真正“香味”烧出来。小说中这段风景描写是很好的例子：

从窗子往外看，正看泰晤士河。河岸上还没有什么走道儿的，河上的小船可是都活动开了。岸上的小树刚吐出浅绿的叶子，树梢儿上绕着一层轻雾。太阳光从雾薄的地方射到嫩树叶儿上，一星星的闪着，像刚由水里捞出的小淡绿珠子。河上的大船差不多全没挂着帆，只有几只小划子挂着白帆，在大船中间忽悠忽悠地摇动，好像几只要往花儿上落的大白蝴蝶儿。

早潮正往上涨，一滚一滚的浪头都被阳光镶上了一层金鳞：高起来的地方，一拥一拥的把这层金光挤破；这挤破了的金星儿，往下落的时候，又被后浪激起一堆小白花儿，真白，恰像刚由蒲公英梗子上挤出来的嫩白浆儿。

最远的那只小帆船慢慢地忽悠着走，河浪还是一滚一滚地往前追，好像这条金龙要把那个小蝴蝶儿赶跑似的。这样赶来赶去，小帆船拐过河湾去了。

这里的风景描写直白清脆，没有任何古雅的字眼，真的是在用最日常的字眼描写最日常的精致。但是，如果读了小说，读到这里，一定能体会到，这平常的风景背后是小说人物李子荣一觉醒来不见了小说主人公马威之后，复杂的心理活

动。应该说，这样的文学语言使老舍取得了了不起的成就。

在材料方面，不用说，是老舍在英国四五年中慢慢积累下来的。但老舍的动机并不是觉得某人某事可以一写，而是比较中国人与英国人的不同，所以一切人物差不多都代表着什么，人物自有他们的个性，更重要的是他们所代表的民族性。

老马——马则仁代表老派的中国人，小马——马威代表晚一辈的。当然，老马只代表了一种中国人，不能算是普遍的，人不太好，也不怎么坏：他对过去的文化负责，所以自尊自傲；对将来他感到茫然，所以无从努力，也不想努力。他的希望是老年的舒服与有所依靠；若没有自己的子孙，世界是非常孤寂冷酷的。他背后有几千年的文化，面前只有个儿子。他不大爱思想，因为事事已有了准则。这使他很可爱，也很可恨；很安详，也很无聊。

小马、李子荣和英国人，写得都不算成功。因为小马和李子荣代表的是北伐一代青年，而老舍远在伦敦，只能看到新闻报道，并没有亲眼看见血与肉的牺牲，没有听见枪炮的响声，更不明白国内青年们的思想，所以实在难以写好。

至于小说中的英国人，则是因为老舍注意了他们与国家的关系，而忽略了他们其他的部分，没有把他们当成具体的个人来写。老舍说："幸而我是用幽默的口气述说他们，不然他们简直是群可怜的半疯子了。幽默宽恕了他们，正如宽恕了马家父子，把偏狭与肤浅消解在笑声中，万幸！"下面这段关于温都的描写，大概就是"幽默宽恕了他们"的文字：

> 每逢温都寡妇想起丈夫的时候，总把二寸见方的小手绢哭湿了两三块。除了他没死在战场上，和没给她留下几百万的财产，她对于死去的丈夫没有什么不满意的地方。可是这些问题是每逢一哭丈夫，就捎带脚儿想起来的。他设若死在战场上，除了得个为国捐躯的英名，至少她还不得份儿恤金。恤金纵然赶不上几百万财产，到底也可以叫她一年多买几顶新帽子，几双长筒的丝袜子；礼拜天不喜欢上教堂的时候，还可以喝瓶啤酒什么的。
>
> 在她丈夫死后不久，欧洲就打开了大仗。她一来是为爱国，二来为挣钱，到一个

> 汽油公司里去打字。那时候正当各处缺人，每个礼拜她能挣到三镑来钱。在打字的时候，忽然想起男人来，或者是恨男人死得早，错过了这个尽忠报国的机会，她的泪珠儿随着打字机键子的一起一落，吧嗒吧嗒的往下落。设若他还活着，至不济还不去打死百八十来个德国兵！万一把德皇生擒活捉，他岂不升了元帅，她还不稳稳当当的做元帅太太！她越这么想，越恨德国人，好像德国故意在她丈夫死后才开仗，成心不叫温都先生得个“战士”的英名。杀德国人！鸡犬不留！这么一想，手下的打字机响得分外有劲；打完了一看，竟会把纸戳破了好几个小窟窿——只好从新再打！

话说到这么好玩好笑的份上，我们读着读着，恐怕很难相信温都寡妇是那么自私和冷血的一个女人。谁要是当真，谁就被我们的作家幽默了一回。

五

和东方学院签的合同到期了，唐代小说中的爱情也讲过了，对外汉语教学的教材也编好了，唱片也录制好了，老舍就按合同申请了一笔绕道欧洲大陆回国的路费。出来一趟不容易，五年多也没离开英国，现在要回国了，何不趁机到欧洲大陆转上一圈？这一转就是三个月，当然，多半的时间是在巴黎。在德法意等国跑了一圈，钱也剩不多了，仅够买三等票到新加坡。老舍是个洒脱的人，那就到新加坡再说吧，反正新加坡比马赛离家近些。

上了船，袋里还剩十几个法郎，合大洋一元有余。在船上老舍遇见了几位留法回家的中国学生。大家一见如故，不大会儿的工夫，大家都明白了彼此的经济状况，其中最阔气的是位姓李的学生，有 27 个法郎。

船上还有两位印度学生，两位美国华侨少年。两位印度学生穿着讲究，也关心中国的事情。第三天早晨，他俩却打了起来，一个弄了个黑眼圈，一个脸上挨了一鞋底。打架的原因，他俩分头诉冤，是为一双袜子，也不知谁卖给谁，穿了（或者没穿）一天又不要了，于是打起架来。黑眼圈的用湿手绢捂着眼睛，一天到晚嘟囔着："在国里，我吐痰都不屑于吐在他身上！他弄脏了我的鞋底！"吃了鞋底的那位则说："上了岸再说，揍他，勒死，用小刀子捅！"他俩不再讨论中国的问题，老舍他们也不问甘地怎样了。

那两位华侨少年中的一位是出来游历的，由美国到欧洲大陆，而后到上海，再回家。他在柏林住了一天，在巴黎住了一天，他告诉老舍，都是待在旅馆里，没有出门。他认为柏林巴黎都是坏地方，没意思。他说，在马赛，他丢了一只皮箱。

20 多天过去了，舱中老是这些人，外边老是那些水。没有一件新鲜事，大家的脸上眼看着都胖起来。坐船是件苦事，明知光阴怪可惜，可是没法不白白舍弃。书读不下去，海是看腻了，话也慢慢地少起来。老舍心里想着，到新加坡怎么办呢？

就在那么心里悬虚的一天，船到了新加坡。老舍坐上洋车就走，去找出版《小说月报》的商务印书馆。接待老舍的经理包先生很客气，说新加坡工作不大好找，可以去找南洋兄弟烟草公司的黄曼士先生，他在地面上很熟，而且好交朋友。老舍就去见黄先生，自然是先在商务馆吃了顿饭。黄先生也一时想不到事情，可是和老舍成了很好的朋友。后来，老舍在新加坡的时候，常到黄曼士家吃饭，也常一同出去玩。

不过，老舍还得去找事做。住处不远就是中华书局，经理徐采明先生问明来意，说有办法，马上领他到华侨中学去。

华侨中学正缺个国文教员，老舍马上搬来行李，准备赴任。有了事做，心才落了实。买了个大柚子吃，然后支了点钱，买了条毯子，还买了身白衣裳，中不中，西不西，自有南洋风味。赊了部《辞源》，教书不同自己读书，字总得认清了，有好些字，总以为认识而实在念不出。

天气是好的。老舍早半天教书，很可以自自然然的，除非在堂上被学生问住，还不至于顺脖子汗流的。吃过午饭就睡大觉，热便在暗中度过去。6 点钟落太阳，晚饭后还可以做点工。夜间必须盖条毯子，比起南京的夏夜，这里简直是仙境了。老舍很得意，有薪水可拿，而夜间还可以盖毯子，美！况且还能冲凉呢，早午晚三次，在自来水龙头下，灌顶浇脊背，也是痛快事。

可是，住了不到几天，老舍发起烧来，身上起了小红点。把校医请来了，他给了老舍两包金鸡纳霜。吃了金鸡纳霜，安然睡在床上，听着户外行人的足声，老舍心里勾画着美的图画：路的两旁杂生着椰树槟榔，海蓝的天空，穿白或黑的

女郎，赤着脚，趿拉着木板，嗒嗒地走，也许看一眼树丛中那怒红的花。矮而黑的锡兰人，头缠着花布，一边走一边唱。躺了两天，颇能领略这种浓绿的浪漫味儿，病也就好了。

一下雨就更好了。雨来得快，止得快，沙沙的一阵，天又响晴。路上湿了，树木绿到不能再绿。空气里有些凉而浓厚的树林子味儿，马上可以穿上夹衣。

学校也很好。学生们都能听懂汉语，大多数也讲得很好。他们都很活泼，因为放学后便不大穿衣，身上就黑黑的，健康的颜色。他们都很爱中国，愿意听激烈的主张与言语。他们是有钱人家的子弟，可是他们愿打倒资本家。对于文学，他们也爱最新的，自己也办文艺刊物，对先生们不大有礼貌，可不是故意的。先生们若能和他们以诚相见，他们便很听话。可惜有的先生爱耍些小花样！学生们不奢华，一身白衣便解决了穿的问题。穿西服受洋罪的倒是先生们，因为先生们多是江浙与华北的人，多少习染了上海的派头。吃也简单，除了爱吃刨冰，他们并不多花钱。天气使衣食住都简单化了。有张床，有条毯子，便可以过去。没毯子，盖几张报纸，其实也可以将就。再有个自来水管，做冲凉之用，便万事亨通。还有呢，社会是个工商社会，大家不讲究穿，不讲究排场，也不讲究什么作诗买书，所以学生自然能俭朴。一方面，这个地方没有上海或北京那样的文化，另一方面，它也没有酸味的文化病，产生不了什么《儒林外史》。倒是由内地来的先生们觉得苦闷，没有社会地位。事业都在广东人福建人手里，当教员的没有地位，也打不进广东人或福建人的圈里去。教员似乎是一些高等工人，雇来的；出钱办学的人没有把他们放在心里。玩的地方也没有，除了电影，没有可看的。所以住了三个月，老舍就有点厌烦了。还拿天气说吧，老那么好，没有变化，没有春夏秋冬，这就使人生厌。况且别的事儿也是死板板的没变化呢。学生们爱玩球，爱音乐，倒能有事可做。先生们在休息的时候，只能弄点汽水闲谈。

老舍就开始写《小坡的生日》。

本来，老舍想写部以南洋为背景的小说，表扬中国人开发南洋的功绩：树是我们栽的，田是我们垦的，房是我们盖的，路是我们修的，矿是我们开的。都是我们做的。毒蛇猛兽，荒林恶瘴，我们都不怕。我们赤手空拳打出一座南洋来。是的，现在西洋人立在我们头上。可是，事业还仗着我们。我们只有往上，不会退下。没有了我们，便没有了南洋，这是事实，自自然然的事实。马来人什么也不干，只会懒。印度人也干不过我们。西洋人住上三四年就得回家休息，不然便支持不住。干活是我们，做买卖是我们，行医当律师也是我们。住十年，百年，一千年，都可以，什么样的天气我们也受得住，什么样的苦我们也能吃，什么样的工作我们都有能力去干。说手有手，说脑子有脑子。这不是英雄崇拜，而是民族崇拜。所谓民族崇拜，不是说某某先生会穿西装，讲外国话，和懂得怎样给太太提着小伞。几百年来，光脚到南洋的那些真正好汉，没钱，没国家保护，什么也没有，硬去干，而且真干出玩意来。这些真正的中国人，真有劲的中国人。中国是他们的，南洋也是他们的。

可是，老舍又觉得写不出。打算写，得到各处去游历。可惜没钱，也没工夫。广东话、福建话也都不会。不懂的事还有很多很多。黄曼士先生没事就带老舍去看各种事儿，为的是提供些材料给他。可是以几个月的工夫打算抓住一个地方的味儿，老舍还是不敢冒险。再说呢，这小说必须描写海和中国人怎样在海上冒险。老舍自觉对于海的知识太少了，生在北方，到20多岁才看见了轮船。

打了个大大的折扣，老舍开始写《小坡的生日》，写的是小孩。在新加坡，老舍虽没工夫去看成人的活动，可是街上跑来跑去的小孩是有意思的，可以随时看到的。下课之后，立在门口，就可以看到一两个中国的或马来的小孩在林边或路旁玩耍。老舍决定以小孩为主人公写出他所知道的南洋。

老舍上半天完全消耗在上课与批改卷子上。下半天太热，非四点以后不能做什么。只能在晚饭后写一点。一边写一边驱赶蚊子，而老鼠与壁虎的捣乱也使老舍心中不甚太平，况且在热带的晚间独抱一灯，低着头写字，也有点说不过去。屋外的虫声，林中吹来的湿而微甜的晚风，道路上印度人的歌声，妇女们木板鞋的轻响，都使人觉得应到外边草地上去，卧看星天。老舍想一气写出一千字已极不容易，得把外界的一切都忘了才能把笔放在纸上。这需要极大的努力。结果，写一千来字已是筋疲力尽，就像是打了一仗。

《小坡的生日》写到5万来字，放年假了。老

舍很不愿离开新加坡，可是要走这是个好时候，学期之末，正好结束。在这个时节，又有去做别的事情的机会。如果这些事情中有能成功的，老舍自然可以辞去教职而仍不离开新加坡，以便多得些经验。可是这些事都没成功，因为有人从中破坏。这么一来，老舍决定离开新加坡，已离家6年，母亲已70多岁，常来信催他回家。在阳历2月底，老舍又上了船，到达上海后在郑振铎家借宿时写完《小坡的生日》，同样交《小说月报》发表。

《小坡的生日》是篇童话小说，表面上写新加坡风景，实际上是以儿童为主，表现弱小民族联合起来反抗。这篇小说最大的好处，是语言的通俗：

哥哥是父亲在大坡开国货店时生的，所以叫作大坡。小坡自己呢，是父亲的铺子移到小坡后生的；他这个名字，虽没有哥哥的那个那么大方好听，可是一样的有来历，不发生什么疑问。

可是，生妹妹的时候，国货店仍然是开在小坡，为什么她不也叫小坡？或是小小坡？或是二小坡等等？而偏偏的叫作仙坡呢？每逢叫妹妹的时候，便有点疑惑不清楚。据小坡在家庭与在学校左右邻近旅行的经验，和从各方面的探听，新加坡的街道确是没有叫仙坡的。你说这可怎么办！这个问题和“妹妹为什么一定是姑娘”一样的不能明白。哥哥为什么不是姑娘？妹妹为什么一定叫仙坡，而不叫小小坡或是二小坡等等？简直的别想，哎！一想便糊涂得要命！

在这里，老舍通过模仿儿童的思维和语言习惯来描写小坡的内心世界，非常好地贴近了儿童心理。将这样的小说读给小朋友听，保准小朋友愿意听下去。有大坡，有小坡，可不是得有小小坡二小坡吗？怎么就叫仙坡了呢？这就是那儿童的天真思维。

第三章 齐鲁岁月

一

1930年3月，老舍回到上海，作为已声名鹊起的作家，受到各方欢迎。老舍稍作逗留，完成《小坡的生日》后，即刻乘船北上，于4月19日回到了年逾古稀的母亲身旁。母亲自是万般欢喜，嘘寒问暖。老朋友白涤洲、罗常培、董鲁安等都来相聚。话长话短，说到最后，无非“成家立业”四个字。老母亲尤其担心，幼子已经30多岁，自己已70多岁了，还真不知能不能看见儿媳妇、抱上孙子？老舍自有打算，想从此做个职业作家，并不急于娶妻生子。但这种事情，说给白涤洲他们听还可以，说给母亲听，简直等于没说。

家未成，业未就。老舍仍然想当职业作家，

不想有专门的工作。他的确有这个资本，年轻气盛，当时新文坛写长篇小说的，自觉也没人写得过他。上海出版事业又发达，稿费和版税足以养家。话虽如此，毕竟不稳定，老舍也不敢百分之百确定自己能像在伦敦时那样，一年一部长篇小说，《小坡的生日》就有些写得费劲，而且只写了 5 万多字。思来想去，老朋友又纷纷劝阻，家有老母，将来会有小家庭，一切总以平稳为要，老舍就决心先工作了。

北京的学校门槛高，职位少，近于谋职无门。恰好济南齐鲁大学的文理学院院长林济青多次因公来北平，每次都诚恳地邀请老舍去齐鲁大学任教。两相权衡，老舍于 1930 年 7 月只身前往济南。

老朋友白涤洲是老舍的主心骨，直说老舍再不谈恋爱娶媳妇，就要变成脾气古怪的老单身汉，令人讨厌了。一句话说到老舍心里去了，他可不想变得令人讨厌。于是，经罗常培介绍，老舍于寒假回家时，和老朋友胡奎泽的妹妹胡絜青见面了。两人一见钟情，迅速建立了恋爱关系。此后二人结婚生子，一起经历人生的风风雨雨。

从 1930 年 7 月到 1934 年初秋，老舍在济南生活了四年。在那里，他有了第一个小孩，取名为“济”。在那里，他还交下不少的朋友。无论什么时候他从那里过，总有人面带笑容招呼他；无论他到何处去，那里总有人惦念着他。在那里，他写成了《大明湖》《猫城记》《离婚》《牛天赐传》和收在《赶集》里的十几个短篇小说。在那里，老舍努力创作，快活地生活……四年虽短，但人与人的交往，快乐与悲苦的代换，深深地印刻在老舍心中。时短情长，济南成了老舍的第二故乡。

关于自己的第二故乡，老舍有很多动人的描绘。其中最著名的莫过于选入中学语文课本的《济南的冬天》。不过，要说到老舍对济南的最高评价，则非下面这段话莫属：

> 济南的秋天是诗境的。设若你的幻想中有个中古的老城，有睡着了的大城楼，有狭窄的古石路，有宽厚的石城墙，环城流着一道清溪，倒映着山影，岸上蹲着红袍绿裤的小妞儿。你的幻想中要是这么个境界，那便是个济南。设若你幻想不出——许多人是不会幻想的——请到济南来看看吧。

如此美好的土地，当老舍1930年初次踏上的时候，却别有一番景象：

在千佛山上北望济南全城，城河带柳，远水生烟，鹊华对立，夹卫大河，是何等气象。可是市声隐隐，尘雾微茫，房贴着房，巷连着巷。全城笼罩在灰色之中。敌人已经在山巅投过重炮，轰过几昼夜了，以后还可以随时地重演一次；第一次的炮火既没能打破那灰色的大梦，那么总会有一天全城化为灰烬，冲天的红焰赶走了灰色，烧完了梦中人灰色的城，灰色的人，一切是统制，也就是因循，自己不干，不会干，而反倒把要干与会干的人的手捆起来；这是死城！

老舍把这一切写进了他的长篇小说《大明湖》。可惜小说的原稿在“一·二八”事变的炮火中殉了难。如果不是日本帝国主义的侵略，将商务印书馆毁于炮火，也许我们可以通过老舍的小说看到更加丰富的济南的历史景象。当然，后来老舍在没有写完的小说《文博士》和《民主世界》中，也写到了不如山川那般优美的济南人事，但总归没有那最初留下的笔墨那么新鲜，那么震撼

人心了。老舍根据自己的记忆，将《大明湖》改成了一个短篇小说《月牙儿》，虽然算得上是他的传世之作，但济南的味道不足，到底是另外一篇作品了。

二

老舍在齐鲁大学是国学研究所文学主任，也是《齐大月刊》编辑部主任，身兼数职，还要利用各种空余时间写小说，实在是非常忙碌的。照理来说，大学是有暑假的，但为了写小说，老舍则要加班加点。等到女儿舒济出生以后，老舍就更忙了。

说到开课，老舍开的是“文学概论”“小说作法”“世界名著研究”，每年大概都是这老三样。靠写小说出名的，不讲“小说作法”讲啥。会写小说，当然该懂文学，可不得讲“文学概论”。至于“世界名著研究”，老舍是留过洋的，自然舍我其谁。老舍口齿极清楚，口才又好，学生们顶爱听。那些研究《春秋》《礼记》《诗经》《楚辞》的老派教授，虽然瞧不起新文学家，但也没辙，学生们爱听呀！

老舍是有真才实学的。《文学概论》讲义里

面引经据典，古今中外无所不包。“哈佛燕京学社”资助国学研究所的教师，老舍知道后，认为不能光拿钱不干活，于是报了个“三礼”（《周礼》《仪礼》《礼记》）研究的选题。老派教授们一看，不得了，舒庆春还懂这个？原来不光会写小说。因此，有那么一段时间，老舍的文学主任和编辑部主任是响当当的，大家不再议论纷纷。

但老舍究竟无心当学者，也无心当老师，他是个文学家，得写小说！他不想跟这些老派教授争短争长。好吧，过了几个月，《齐大月刊》编辑部主任让贤了，而“三礼”研究，老舍最终自然也没写出一个字来。写出一个字来才是可惜了呢。多好的小说家，可不能耽误了！

虽然忙，人事上也有那么些飞短流长，但老舍心宽，到哪都保持一个幽默的态度。在他眼中，济南是一首诗，处在济南南关外的齐鲁大学更有它动人的地方。空气自然比城里的新鲜，花草树木又多，就是个非正式的公园。夏天的时候，一进校门，满目绿色，绿草地，绿树梢上，远远望去是绿色的山峰，绿色环抱着大楼，爬山虎深绿肥大的叶子一层一层把楼盖满，只露着几个白边的窗户。再往里走，沿着草地，随处可见各色花朵，小红玫瑰、洋葵、百日红、丁香……春天花会开，秋天叶会落，四季的颜色不同，但都宁静，让人心安。绿树丛花间，有女郎的一两把小白伞，也有男人的白大衫。伞上衫上时时落上些绿的叶影。

老舍初到齐鲁大学时，还是暑假，校园里绿意葱茏，渺无人踪。枫树下有几条白石凳，静静地等待着客人。第二天，老舍就将它们变成了临时书房。手里拿着本书，并不见得念；念地上的树影，比读书还有趣。细碎的绿影，夹着些小黄圈，不定都是圆的，叶儿稀的地方，光也有时候透出七棱八角的一小块。小黑驴似的蚂蚁，单喜欢在这些光圈上慌手忙脚地来往。白石凳上，也印着细碎的绿影，还落着个小蓝蝴蝶，抿着翅儿，好像要睡。一点风儿，把绿影儿吹醉，散乱起来；小蓝蝶醒了懒懒地飞，似乎是做着梦飞呢；飞了不远，落下了，抱住黄蜀菊的蕊儿。过了大半天，小蝶儿又飞了，来了个愣头磕脑的马蜂。

老舍待在自己的临时图书馆里，往南看，千佛山懒懒地倚着一些白云，一声不出。往北看，围子墙根有时过一两头小驴，微微有点铃声。往东西看，只看见楼墙上的爬山虎，叶儿微动，像竖起的两面绿浪。往下看，四下都是绿草。往上看，看见几个红的楼尖，全不动。绿的，红的，上上下下的，像一张画，颜色固定，可是越看越好看。只有办公处的大钟的针儿，偷偷地移动，好似叫光阴知道似的。从树隙里偶尔看见一个小女孩，花衣裳特别花哨，突然把这一片静的景物全刺激了一下；花儿也是更红，叶儿也更绿了似的；好像她的花衣裳要带这一群颜色跳舞起来。小女孩看不见了，又安静起来。槐树上轻轻落下个豆瓣绿的小虫，在空中悬着，其余的全不动了。

要是有潺潺流水就完美了！在中国人的思想里，总要有山有水，才是真正的田园诗趣。即使是留洋多年才归来的老舍，拿定主意要做一个新人物的老舍，也有这般思想，希望在一派自然风光中听见水的声音，仿佛那是自然的灵魂。

不过，没有水也不必强有水，人工的努力太着了痕迹，老舍又要觉得不自然，俗气了。

三

老舍到校后，忙着预备功课，也没工夫写什么。可是每当他走在街上，看见西门与南门的炮

眼，便自然地想起五三惨案。他开始打听关于这件事的详情，实际上是屠杀与恐怖的情形。有好多人能供给他材料，有的人还保存着许多相片，也借给他看。半年以后，济南既被走熟，而“五三”的情形也知道个大概，老舍就想写《大明湖》了。按照老舍的追记，《大明湖》里没有一句幽默的话，因为想着五三惨案。

新的暑假一到，老舍就开足马力，投入到新的长篇小说创作中。很多作家都是半夜开工，老舍是天不亮就写，从六点写到九点。老舍说：“早起的鸟捉住虫儿，写小说的也如此。”当然，也不是起来了就能写出来，有时三两天都在抽烟，一个字没有，有时三两个小时下来，三千字都有了。写长篇小说是个细水长流的力气活，但也离不开灵感。

九点以后，写信，浇花，逗逗小猫，然后读欧·亨利。吃过午饭后，狠狠地睡一觉。觉醒以后，还得写讲稿，毕竟下学期还要教书，假期不备课不行。此后又是吃饭，散步。

天实在太热，散步回来，先洗个澡，然后在院里呆坐一会儿，听着街上卖汽水和冰激凌的吆喝，老舍只管喝自己的香片茶。晚九点便睡觉。

身体弱多睡觉，是老舍的格言。一气睡到天明，又该起来拿笔了。

每天都是如此，酷暑中的忙碌真是格外的辛苦，但老舍到底善于苦中作乐，更善于自得其乐。也许正是如此，他才下笔如有神，字里行间都能逗人会心一笑吧。

这还是在济南的时候，等 1934 年秋到了青岛，第二个小孩舒乙出生以后，又是另一番情形。

四

老舍一直念念不忘做一个职业作家。和齐鲁大学签的合同期满后，他就辞职去上海跑了一趟。不是去逛，而是想看看，能不能不再教书而专以写作挣饭吃。老舍在上海住了十几天，虽然天气是那么热，心中却凉下去了。那时正值“一·二八”事变后，书业不景气，文艺刊物很少，上海的朋友劝他不要冒险。归根结底一句话：靠写东西吃不上饭。

于是，老舍就接了山东大学的聘书去了青岛。

到了青岛不久，挚友白涤洲去世，老舍跑回北平哭了一场。

青岛当年是富人消夏避暑的好地方，所多的是舞场、咖啡馆、电影和浴场，大家都觉得不是个读书的地方。山东大学办在青岛，肯定要不得。我们现代文学史上著名作家沈从文也在青岛待过，印象就不大好，还专门写了一篇小说《八骏图》挖苦那里的大学教授。常言道，生活不是缺少美，而是缺少发现美的眼睛。老舍还真是去一个地方便爱一个地方，在他眼里，山东大学就像青岛的冬天一样，宁静而安详。一个没到过山东大学的人，也许容易想到，青岛既是富有洋味的地方，当然山大的学生也得洋服郎当的，像些华侨子弟似的。事实上，山大校园因为原来是德国的兵营，虽然在改作学校之后，院中铺满短草，道旁也种上了玫瑰，可是它总脱不了营房的严肃气象。学校的后面左面都是小山，挺立着一些青松，学生们每天早晨一抬头就能看见这山石与松林之美。学校里的学生如果打扮得太漂亮，即使没人多看两眼，也觉得仿佛有些不对劲。校园严肃的空气不许学生过于打扮，到学校外去，依然用不着修饰。六七月之间，青岛固然是万紫千红，士女如云，好一片摩登景象。可是过了暑期，海边上连个人影也没有，师生们也就用不着穿得花花绿绿的去看白鸥与远帆。因此，山大虽在青岛，而很少洋味儿，制服以外，蓝布大衫是第二制服。就是在六七月最热闹的时候，师生们还是如此，因为朴素成了风气，蓝布大衫一穿大有“众人摩登我独古”的气概。

不管青岛是怎样西洋化了的都市，它到底是在山东。“山东”二字满可以用作朴俭静肃的象征，所以山大不但是个北方大学，而且是北方大学中最带“山东”精神的一个。这个精神使人朴素，能吃苦，静默。往好里说，山大是有一种强毅的精神；往坏里讲，有点乡下气。

老舍深信，在齐鲁大地上，自有深厚的文化底蕴，不是一点外国的影响就能改变根本的。这种强悍的文化自信，大约是支撑老舍一生的精神支柱。后来，当他在抗战烽火中颠沛流离而不失报国热忱，在美国之行中归心似箭，在中华人民共和国成立之后坚定为人民服务，恐怕都是和这样的文化自信有关的。

而在家庭生活中的老舍，显然比在济南时期遇到更多问题，舒乙出生后，家庭琐事更加繁多。富有幽默精神的老舍，也不得不在笔端抱怨：“独人一身，自己吃饱便天下太平，每逢困于油盐酱醋的灾难中，就感觉到家庭的累赘。”

话虽如此，小儿女带来的天伦之乐不是文字间能得其风流的。说起三岁的女儿和一岁的儿子，老舍笔下有惊人的得意。他乐意提及女儿在自己的稿子上画圆拉杠，且美其名曰“小济会写字”，也乐意说起儿子善亲亲，闭眼，张口展览上下四个小牙。

不过，当小孩太闹，而老舍又忙于写信或还文债之时，大小四口也能乱成一团，大人声言离婚的情形也是有的。老舍说：“在没有小孩的时候，一个人的世界还是未曾发现美洲的时候。小孩是哥伦布，把人带到新大陆去。这个新大陆并不很远，就在熟悉的街道上和家里。你看，街市上给我预备的，在没有小孩的时候，似乎只有理发馆、饭铺、书店、邮政局等。我想不出婴儿医院、糖食店、玩具铺等等的意义。连药房里的许许多多婴儿用的药和粉，报纸上婴儿药片的广告，百货店里的小袜子小鞋，都显着多此一举，劳而无功。及至小天使自天飞降，我的眼睛似乎戴上了一双放大镜，街市依然那样，跟我有关系的东西可是不知增加了多少倍！”小孩使世界扩大，使隐藏着的东西都显露出来。非有小孩不能明白这个。看着别人家的孩子，肥肥胖胖，整整齐齐，你总觉得小孩们理应如此，一生下来就戴着小帽，穿着小袄，好像小雏鸡生下来就披着一身黄绒似的。赶到自己有了小孩，才能晓得事情并不这么简单。一个小娃娃身上穿戴着全世界的工商业所能供给的，给全家人以一切啼笑爱怨的经验，小孩的确是位小活神仙！

有了小活神仙，家里才会热闹。世界也才仿佛显露了它的本相。

但是，表面上的抱怨掩饰不住老舍对妻儿的深情。琐碎的家庭生活让老舍对人、对家庭都有了更为丰富和深刻的理解。我们甚至可以说，如果没有济南的这段生活，没有家庭在国家的风雨中流离分散的体验，老舍的《离婚》和《四世同堂》，可能没有我们现在读到的那样精彩。

五

在辞去山东大学教职做职业作家之前，老舍在齐鲁大地一共生活了 6 年，除了毁于炮火的《大明湖》外，主要有《猫城记》《离婚》《牛天赐传》三部长篇小说。这一时期，老舍也开始大量写作短篇小说，于是贡献了《月牙儿》《微神》

《断魂枪》等名篇。另外，老舍一生中最重要的创作谈，陆续发表在上海的《宇宙风》杂志，后来结集为《老牛破车》，也是在这一时期写的。

施蛰存主编的《现代》杂志，是当时上海赫赫有名的文学杂志，老舍也颇为认可。施蛰存约老舍写长篇小说，老舍便答应下来，写的就是《猫城记》。连载完以后，由现代书局出版。对于这部长篇，老舍觉得是失败的作品。老舍构思《猫城记》，受英国作家威尔斯的影响。威尔斯有一篇科幻小说《首批登上月球的人》，写科学家登上月球后，发现月球人外形像蚂蚁，社会生活也和蚂蚁的分工相似。所以小说开头是写“我”因为飞机失事降落到火星上。至于把火星人写成猫人，倒完全出于一件家庭间的小事实，当时老舍刚好抱来个黄白花的小猫。小说的意图很清楚，就是讽刺当时的中国人、中国社会。因为是讽刺性质的小说，老舍觉得不能写得赤裸裸，要婉转，生动有趣，越是虚构的猫人和猫城，越要有声有色，有骨有肉，看起来头头是道，活像有此等人与此等事，把讽刺埋伏在这个底下，而后才文情并茂，骂人才骂到家。《猫城记》大约满足不了这些要求，所以老舍觉得它失败了。

不过，看看下面这段文字，我们大概也不见得非要同意作者的意见不可：

三四个月的工夫，我学会了猫话。马来话是可以在半年内学会的，猫语还要简单得多。四五百字来回颠倒便可以讲说一切。自然许多事与道理是不能就这么讲明白的，猫人有办法：不讲。形容词与副词不多，名词也不富裕。凡是像迷树的全是迷树：大迷树，小迷树，圆迷树，尖迷树，洋迷树，大洋迷树……其实这是些绝不相同的树。迷树的叶便是那能使人麻醉的宝贝。代名词是不大用的，根本没有关系代名词。一种极儿气的语言。其实只记住些名词便够谈话的了，动词是多半可以用手势帮忙的。他们也有文字，一些小楼小塔似的东西，很不好认；普通的猫人至多只能记得十来个。

大蝎——这是我的猫朋友的名字——认识许多字，还会作诗。把一些好听的名词堆在一处，不用有任何简单的思想，便可以成一首猫诗。宝贝叶宝贝花宝贝山宝贝猫宝贝肚子……这是大蝎的“读史有感”。猫人有历史，两万多年的文明。会讲话了，我明白过来一切。大蝎是猫国的重要人物，大地主兼政客、诗人与军官。大地主，因为他有一大片迷树，迷叶是猫人的食物。他为什么养着我，与这迷叶大有关系。据他说，他拿出几块历史来做证——书都是石头做的，二尺见方半寸来厚一块，每块上有十来个极复杂的字——五百年前，他们是种地收粮，不懂什么叫迷叶。忽然有个外国人把它带到猫国来。最初只有上等人吃得起，后来他们把迷树也搬运了来，于是大家全吃入了瘾。不到五十年的工夫，不吃它的人是例外了。吃迷叶是多么舒服，多么省事的；可是有一样，吃了之后虽然精神焕发，可是手脚不爱动，于是种地的不种了，做工的不做了，大家闲散起来。政府下了令：禁止再吃迷叶。下令的第一天午时，皇后瘾得打了皇帝三个嘴巴子——大蝎搬开一块历史——皇帝也瘾得直落泪。当天下午又下了令：定迷叶为“国食”。在猫史上没有比这件事再光荣再仁慈的，大蝎说。

自从迷叶定为国食以后的四百多年，猫国文明的进展比以前加速了好几倍。吃了迷叶不喜肉体的劳动，自然可以多做些精神事业。诗艺，举个例说，比以前进步多了；两万年来的诗人，没有一个用过“宝贝肚子”的。

现在读着这样的描写，也还是极其酸爽的。另外，现在流行的一些如科幻、穿越、盗墓类型的小说，大概也有不少和《猫城记》相通的地方。从这些地方读过去，自是另一番天地了。

《离婚》是老舍比较满意的长篇小说。经历《大明湖》和《猫城记》不够幽默的失败，老舍决定“返归幽默”。北平是老舍的老家，一提起北平就立刻有几百尺“故都景象”在心中开映。看见北平，马上有了个“人”。这个人永远有让人羡慕的气度：这一天提着根很讲究的手杖，那一天骑上自行车——稳稳地溜着马路边儿，永远碰不了行人，也好似永远走不到目的地，太稳，稳的几乎像凡事在他身上都是一种生活趣味的展示。这个便是《离婚》的主人公张大哥。这样想好，写便容易了。老舍从暑假前大考的时候写起，到七月十五，写得了12万字。原定在八月十五交卷，居然提早了一个月，真是痛快。能写入了迷是一种幸福。

尽管写得很入迷，但老舍这回把幽默控制得游刃有余。老舍说：“写过了六七本十万字左右的东西，我才明白了一点何谓技巧与控制，可是技巧与控制不见得就会使文艺伟大。《离婚》有了技巧，有了控制；伟大，还差得远呢！文艺真不是容易作的东西。我说这个，一半是恨自己的藐小，一半也是自励。”又一次成功的文学创作结束之后，老舍不但没有安于现状，自我满足，而且对自己提出了更高的要求，希望自己能够写出称得上“伟大”的作品来。的确，《离婚》很精致，很细腻，很多地方都比《老张的哲学》要好，但还称不上伟大。当然，在这里，我们主要还是来欣赏一下老舍的控制力吧：

> 假如人人有个满意的妻子，世界上绝不会闹“共产”。张大哥深信此理。革命青年一结婚，便会老实起来，是个事实，张大哥于此点颇有证据。因此，在他的眼中，凡是未婚的人脸上起了几个小红点，或是已婚的眉头不大舒展，必定与婚事有关，而马上应当设法解决。不然，非出事不可！
>
> 老李这几天眉头不大舒展，一定大有文章。张大哥嘱咐他先吃一片阿司匹林，又告

诉他吃一丸清瘟解毒。无效，老李的眉头依然皱着。张大哥给他定了脉案——婚姻问题。老李是乡下人。据张大哥看，除了北平人都是乡下佬。天津，汉口，上海，连巴黎，伦敦，都算在内，通通是乡下。张大哥知道的山是西山，对于由北山来的卖果子的都觉得有些神秘不测。最远的旅行，他出过永定门。可是他晓得九江出磁，苏杭出绸缎，青岛是在山东，而山东人都在北平开猪肉铺。他没看见过海，也不希望看。世界的中心是北平。所以老李是乡下人，因为他不是生在北平。张大哥对乡下人特别表同情；有意离婚的多数是乡下人，乡间的媒人，正如山村里的医生，是不会十分高明的。生在乡下多少是个不幸。

他们二位都在财政所做事。老李的学问与资格，凭良心说，都比张大哥强。可是他们坐在一处，张大哥若是像个伟人，老李还够不上个小书记员。张大哥要是和各国公使坐在一块儿谈心，一定会说出极动人的言语，而老李见着个女招待便手足无措。老李是光绪末年那拨子姥姥不疼舅舅不爱的孩子

> 们中的一位。说不上来为什么那样不起眼。张大哥在没剪去发辫的时候，看着几乎像张勋那么有福气；剪发以后，头上稍微抹了点生发油，至不济像个银行经理。老李，在另一方面，穿上最新式的西服会在身上打转，好像里面絮着二斤滚成蛋的碎棉花。刚刮净的脸，会仿佛顺着刀子冒槐子水，又涩又暗。他递给人家带官衔的——财政所第二科科员——名片，人家似乎得思索半天，才敢承认这是事实。他要是说他学过银行和经济学，人家便更注意他的脸，好像他脸上有什么对不起银行和经济学的地方。

这段文字是随手从《离婚》中裁剪过来的，远不是其中最精彩的。但是看老舍对老张和老李两个小说人物的描写，处处对照，时时留心，够得上十分细致。本来是要写张大哥自以为是的派头，但又强调他没离开北京，没见过世面，本来要写张大哥瞧不起乡下人，但又带上一笔，“生在乡下多少是个不幸”，……如此一来，就留有余地，没把人往极端里写，也就没把人写死，人物也就有了活力，像是个现实生活中的人。那个在《老张的哲学》中写老张看见水面上的水晕也相当铜钱收拾起来的作家老舍，这回是真的做到了游刃有余，小说中的一切都在这位成熟作家的掌控之中。

《牛天赐传》是一部写得比较慢的小说，前面因为上课，空余时间零碎，三个多月才写了两万多字。等到暑假开始，济南大热的时候，终于写的快了。写《牛天赐传》时的酷热情形，据老舍描述是这样的："1934 年，自从一入七月门儿，济南就热起，那年简直热得出奇；那就是我'避暑床下'的那一回。早晨一睁眼，屋里——是屋里——就九十多华氏度！小孩拒绝吃奶，专门哭号；大人不肯吃饭，立志喝水！可是我得赶文章，昏昏忽忽，半睡半醒，左手挥扇与打苍蝇，右手握笔疾写，汗顺着指背流到纸上。写累了，想走一走，可不敢出去，院里的墙能把人身炙得像叉烧肉——那二十多天里，每天街上都热死行人！屋里到底强得多，忍着吧。自然，要是有个电扇，再有个冰箱，一定也能稍好一些。可是我的财力还离设置电扇与冰箱太远。一连十五天，我没敢出街门。要说在这个样的暑天里，能写出怪像回事儿的文章，我就有点不信。"不管信不信，老舍硬是在如此条件下写完了又一部长篇小说，真的是坚韧不拔的硬汉子，也真的是爱写小说！

《牛天赐传》是《论语》半月刊的特约长篇。《论语》杂志由林语堂主编，主张幽默和趣味，销量很好，风行一时。因为是在这样的刊物上连载，幽默是必不可少的。又因为每期只要四五千字，每期又都要保证故事的趣味性，和老舍以前创作的长篇小说就颇有些不一样了。零零碎碎地读，每读一段可能都觉得很好玩，很有趣，可要是一气儿读完呢，那结果就不大妙了，有些刻意处处招人笑的嫌疑。

小说确实还是好玩的小说：

> 爸能出去活动，天赐也又有了事做。他加入了云社。这是云城几家自古时就以读书做官为业的所组织的诗社。社里的重要人物的门前差不多都悬着“孝廉”“文元”等字样的匾。他们走在县衙门前咳嗽的更响亮，走在商会事务所外鼻子哼出凉气。他们的头发虽剪去，可是留得很长，预备一旦恢复科举好再续上辫子。他们的钱都由外省挣来；幼年老年是在云城，中年总在外边；见过皇上与总统的颇有人在。他们和云城这把儿土

豆子没来往。天赐本没资格加入云社，可是经小学的一个同学的介绍，说他是孝子，并且能诗，虽然是商家的子弟，可是喜欢读书，没有一点买卖气。所以他们愿意提拔他。这个同学——狄文善——虽也才二十岁上下，可已经弯了腰，有痰不啐，留着嗽着玩。云社是提倡忠孝与诗文的，所以降格相从许天赐加入。云社每逢初一十五集会，他们不晓得有阳历。集会是轮流着在几家人家里，也许作诗钟，也许猜灯谜，也许作诗，有时候老人们还作篇八股玩玩。天赐这又发现了个新世界，很有趣。这里的人们都饱食暖衣的而一天发愁——他们作诗最喜欢押“愁”“忧”“哀”“悲”等字眼。他们吸着烟卷，眼向屋顶眨巴，一作便作半天，真“作”。什么都愁，什么都作。天赐第一次去，正赶上是作诗，题是“桃花”。他学着他们的样子，眼向上眨巴，“作”。他眼前并没有桃花，也不爱桃花，可是他得“作”。大家都眨巴眼，摇头，作不出。他觉得这很好玩，这正合他的胃口，他专会假装。他也愁起来。愁了半天，他愁出来四句：“春雨

> 多情愁渐愁，百花桥下水轻流，谁家人面红如许，一片桃云护小楼。”他自己知道这里什么意思也没有，纯粹是摇头摇出来的。假如再摇得功夫大一些，也许摇出更多的愁来。他不能再摇，因为头已有点发晕。及至一交卷，他知道他有了身份，这些老人——原本没大注意他——全用一种提拔后进的眼神看他了。他开始以为他的诗有点意思，可惜头摇得功夫小了些！老人们爱那个“愁渐愁”。有个老人也押愁字，比天赐的差得多——“流水桃花燕子愁”。可是大家闭上眼想了半天，然后一齐如有所悟：“也很深刻！”老人自己想了想：“谁说不是！”天赐也闭眼想了想，或者燕子也会愁，没准。

“春雨多情愁渐愁”是云社诗人们写出来的最妙的句子，也真是难为老舍想得出来。或许，这也不是作家想出来的，而是借来的，谁知道呢！

老舍本来不大写短篇小说。可是自从“一·二八”后，刊物增多，各处都找老舍写文章。同时写几个长篇，自然是做不到的，于是开始写短篇。这么一来，快信便接得更多：“既肯写短篇了，还有什么说的？写吧，伙计！三天的工夫还赶不出五千字来？少点也行啊！无论怎么着吧，赶一篇，要快！”话说得很“自己”。

一写，就认真，《微神》与《黑白李》等篇都修改过三回。但好些文章是一挥而就，有的好，有的就差一点了。后来，老舍出了好几个短篇小说集子，有《赶集》《樱海集》《蛤藻集》等。这里简单介绍一下《月牙儿》和《断魂枪》，摘几个段落，让大家感受一下老舍的短篇小说艺术。

《月牙儿》本是《大明湖》中的一片段。《大明湖》被焚之后，老舍把其他的情节都毫不可惜的忘弃，可是忘不了这一段。这一段是《大明湖》中最有意思的一段。但是，它在《大明湖》里并不像《月牙儿》这样整齐，因为它是夹在别的一堆事情里，不许它独当一面。专门拣出来，变成一个短篇小说之后，就诗情画意，是一篇令人赞叹的作品了。下面选的是小说的开头部分，读来真有玲珑剔透的感觉：

> 是的，我又看见月牙儿了，带着点寒气的一钩儿浅金。多少次了，我看见跟现在这个月牙儿一样的月牙儿；多少次了，它带着种种不同的感情，种种不同的景物，当我坐定了看它，它一次一次地在我记忆中的碧云

> 上斜挂着。
>
> 它唤醒了我的记忆，像一阵晚风吹破一朵欲睡的花。

《断魂枪》也是从长篇小说中拣出来的。老舍喜欢拳术，平时练练拳就是他的体育锻炼了；他也结交了一些江湖朋友。时间长了，他就想写一部长篇武侠小说，但想归想，写出来的则是传世之作《断魂枪》。老舍别的短篇小说也许都可以不看，唯独《断魂枪》是不可错过的。读了《断魂枪》，我们才知道武侠小说可以有多高的品位；往深了说，里面有一些中国文化和中国人的秘密，是一般小说没有写到的。下面选的是小说的结尾部分，也许能读到小说主人公沙子龙所代表的文化沧桑感：

> 夜静人稀，沙子龙关好了小门，一气把六十四枪刺下来；而后，拄着枪，望着天上的群星，想起当年在野店荒林的威风。叹一口气，用手指慢慢摸着凉滑的枪身，又微微一笑："不传！不传！"

在沙子龙无尽的回忆和想象里，我们也许能够体会到，断魂枪曾经代表着怎样的辉煌。但是，一切已不复从前，世界不再是个冷兵器时代的世界，人的生活方式和观念都变了，就算沙子龙想把断魂枪传下去，恐怕也没有办法真正传下去吧。君不见，现在各种各样的传统艺术在舞台上出现的时候，我们已经把它们当作古典，当作高门槛的精神生活了吗？

第四章
职业写家

一

受到1935年北平“一二·九”运动的影响，山东大学学生和部分教师的爱国热情喷发，组织抗日救国会，开展救亡活动。山东大学校方偏于保守，不但不支持学生运动，而且开除了组织运动的学生领袖，从而激发了师生的愤怒，一些教师如洪深、赵少侯都愤而辞职。老舍因此也无心留任。1936年暑假前，山东大学改组，老舍辞去教职。

辞职之后怎么办？留在青岛，专心写作。老舍终于过上了梦寐以求的职业作家的生活。职业作家是我们现在的说法，老舍用的是“职业写家”。为什么叫“写家”呢？一方面是老舍谦虚，没有觉得自己写了几本小说，就有多大创造性，值得称为“作家”，另一方面在当时的老舍看来，作家、作家，就是整天坐在家里写、写、写啊，就成了家，可不是个“写家”吗？

作为职业写家，老舍要求自己每天都要写一点，少至几百字，多过三千，平均每天两千来字。职业化了，就不能只靠智力和灵感，更是真正的体力活了。当然，比起现在那些每天动辄万字的网络写手，老舍还是自由的。

因为是体力活，就必须保证有好的身体，作息规律之余，老舍每天早晨都要到院子里打拳，半小时左右，天天打，下雨了，下雪了，就在屋里打。每天还要浇花，散步，写信，然后可以写小说了。

老舍生活是极有规律的，写作也在有条不紊地进行，一切似乎都很平静。当然，也有些意外，计划写的几个长篇，有的压根儿就没有踪影。写作就不是个能完全计划好的事！

老舍心里有点急了，可要写一部既叫好又叫座的长篇小说谈何容易。没人叫好，专家不欣赏，自己这职业写家脸上无光；而要是不叫座，那就更糟糕，每日三餐，开门七件事，全指着笔下的字变成稿费呢。急也没用，没踪影的还是没踪影。这职业写作的滋味可也真是不太好尝。得亏还有个 1936 年春听来的一个关于车夫的故事，是山东大学的同事闲谈时提到自己在北平时曾用过的一个车夫。这个车夫自己买了车，又卖掉，如此三起三落，到末了还是受穷。老舍听了这几句简单的叙述，当时就说："这颇可以写一篇小说。"紧跟着，同事又说："有一个车夫被军队抓了去，哪知道，转祸为福，他乘着军队移动之际，偷偷地牵回三匹骆驼回来。"好嘛，车夫和骆驼都出来了，在老舍心里，最核心的故事要素就都具备了。现在要的是材料，老舍入了迷似的去搜集材料，先是向齐铁恨先生打听骆驼的生活习惯。齐先生生长在北平的西山，山下有许多家养骆驼的。得到他的回信，老舍看出来，须以车夫为主，骆驼不过是一点陪衬，因为假若以骆驼为主，恐怕就须到"口外"去一趟，看看草原与骆驼的情景了。若以车夫为主呢，就无须到口外去，而随时随处可以观察。这样，老舍便把骆驼与祥子结合到一处，而骆驼只负引出祥子的责任。

老舍心里笃定《骆驼祥子》将是一部又叫好

又叫座的长篇，夏天开始写，16 万字，分成 24 节，1937 年 1 月开始在《宇宙风》上连载，真的是顺水又顺风。小说面世之后，果然叫好又叫座，就是我们现在说起小说家老舍来，最先想到的恐怕也都是《骆驼祥子》。

二

《骆驼祥子》是一部充满魔力的小说。

当时的中国人怎么就都爱读《骆驼祥子》呢？当然是故事吸引人。车夫的故事，北平和上海到处都是车夫，但凡在北平和上海生活的能读小说的人，也都和车夫打过交道，再熟悉不过。可是真要问车夫一天的日子是怎么过的，怎么租车，怎么存钱买车，怎么娶妻生子，就不太了解了。以前也没谁的小说认真写过车夫，现在有了，自然好奇心满满地要看一看。这一好奇不要紧，打开《骆驼祥子》一看，不仅把北平城各类车夫的情况介绍得头头是道，而且主人公祥子的故事还颇有传奇色彩，又是跟主人家的姨太太有瓜葛，又是被秘密侦探跟踪，又是被部队抓去做苦力，又是牵了骆驼偷偷逃出来，又是被车厂厂主的女儿给看上了，又是跟白房子里不得已卖身的姑娘恋爱了……真是令人应接不暇，大呼过瘾。那时候的中国人读小说，哪读到过这阵仗啊！虽说那时候多的是各种各样的社会小说、黑幕小说，无不以稀奇刺激为事，但对下层社会一个普通车夫的描写，是真没这么带劲的。

看下去了，就会咂摸点味道出来。祥子是个好人，身体健壮，品性善良，怎么就越变越坏，还走上绝路了呢？他怎么就不能发家致富，像美国梦故事那里，变成车厂厂主呢？而且，虎妞给了他钱，让他把车租出去，他怎么还硬是要自己拉车呢？他难道真是个臭拉车的命？还有那虎妞，看着不讨人喜欢，可是也好像没那么坏啊？任谁一个姑娘家，一把年纪了，不谈婚论嫁也就罢了，还被自己亲生父亲当男人使唤，也会变得不太正常吧？嗯，是有点特别，老舍肯定是在说祥子生活的北平城是个不好的社会，万恶的社会。可是，也别说那么早啊。在老舍笔下，祥子可是爱北平城了。书中暗表：

> 打扮好了，一共才花了两块二毛钱。近似搪布的一身本色粗布裤褂一元，青布鞋八毛，线披儿织成的袜子一毛五，还有顶二毛五的草帽。脱下来的破东西换了两包火柴。

拿着两包火柴，顺着大道他往西直门走。没走出多远，他就觉出软弱疲乏来了。可是他咬上了牙。他不能坐车，从哪方面看也不能坐车：一个乡下人拿十里八里还能当作道儿吗，况且自己是拉车的。这且不提，以自己的身量力气而被这小小的一点病拿住，笑话；除非一跤栽倒，再也爬不起来，他满地滚也得滚进城去，决不服软！今天要是走不进城去，他想，祥子便算完了；他只相信自己的身体，不管有什么病！

晃晃悠悠的他放开了步。走出海甸不远，他眼前起了金星。扶着棵柳树，他定了半天神，天旋地转地闹慌了会儿，他始终没肯坐下。天地的旋转慢慢地平静起来，他的心好似由老远的又落到自己的心口中，擦擦头上的汗，他又迈开了步。已经剃了头，已经换上新衣新鞋，他以为这就十分对得起自己了；那么，腿得尽它的责任，走！一气他走到了关厢。看见了人马的忙乱，听见了复杂刺耳的声音，闻见了干臭的味道，踏上了细软污浊的灰土，祥子想趴下去吻一吻那个灰臭的地，可爱的地，生长洋钱的地！没有

父母兄弟，没有本家亲戚，他的唯一的朋友是这座古城。这座城给了他一切，就是在这里饿着也比乡下可爱，这里有的看，有的听，到处是光色，到处是声音；自己只要卖力气，这里还有数不清的钱，吃不尽穿不完的万样好东西。在这里，要饭也能要到荤汤腊水的，乡下只有棒子面。才到高亮桥西边，他坐在河岸上，落了几点热泪！

太阳平西了，河上的老柳歪歪着，梢头挂着点金光。河里没有多少水，可是长着不少的绿藻，像一条油腻的长绿的带子，窄长，深绿，发出些微腥的潮味。河岸北的麦子已吐了芒，矮小枯干，叶上落了一层灰土。河南的荷塘的绿叶细小无力地浮在水面上，叶子左右时时冒起些细碎的小水泡。东边的桥上，来往的人与车过来过去，在斜阳中特别显着匆忙，仿佛都感到暮色将近的一种不安。这些，在祥子的眼中耳中都非常的有趣与可爱。只有这样的小河仿佛才能算是河；这样的树，麦子，荷叶，桥梁，才能算是树，麦子，荷叶，与桥梁。因为它们都属于北平。

坐在那里，他不忙了。眼前的一切都是

熟习的，可爱的，就是坐着死去，他仿佛也很乐意。歇了老大半天，他到桥头吃了碗老豆腐：醋，酱油，花椒油，韭菜末，被热的雪白的豆腐一烫，发出点顶香美的味儿，香得使祥子要闭住气；捧着碗，看着那深绿的韭菜末儿，他的手不住的哆嗦。吃了一口，豆腐把身里烫开一条路；他自己下手又加了两小勺辣椒油。一碗吃完，他的汗已湿透了裤腰。半闭着眼，把碗递出去："再来一碗！"

站起来，他觉出他又像个人了。太阳还在西边的最低处，河水被晚霞照得有些微红，他痛快得要喊叫出来。摸了摸脸上那块平滑的疤，摸了摸袋中的钱，又看了一眼角楼上的阳光，他硬把病忘了，把一切都忘了，好似有点什么心愿，他决定走进城去。

刚刚从部队逃出来、大难不死的祥子不但没有怪罪北平城给他带来灭顶之灾，而且迫不及待地要进城去。在他心中，北平城是他唯一的朋友，是他的一切，城与人就这样，完全没办法分开来说。那么，我们的作家老舍究竟是什么意思呢？大家猜不透老舍在《骆驼祥子》中埋下的秘密，于是纷纷叫好。

当然，《骆驼祥子》不是完美无缺的。老舍自己就说：“使我自己最不满意的是收尾收得太慌了一点。因为连载的关系，我必须整整齐齐的写成24段；事实上，我应当多写两三段才能从容不迫地刹住。这，可是没法补救了，因为我对已发表过的作品是不愿再加修改的。”这是说，骆驼祥子的绝路走得太仓促了，老舍太急于把祥子写死了。

最后，让我们再选一段描写祥子心理活动的文字，欣赏一下老舍的艺术手法：

> 天是越来越冷了，祥子似乎没觉到。心中有了一定的主意，眼前便增多了光明；在光明中不会觉得寒冷。地上初见冰凌，连便道上的土都凝固起来，处处显出干燥，结实，黑土的颜色已微微发些黄，像已把潮气散尽。特别是在一清早，被大车轧起的土埂上镶着几条霜边，小风尖溜溜的把早霞吹散，露出极高极蓝极爽快的天；祥子愿意早早地拉车跑一趟，凉风飕进他的袖口，使他全身像洗冷水澡似的一哆嗦，一痛快。有时候起了狂风，把他打得出不来气，可是他低着头，咬着牙，向前钻，像一条浮着逆水的

大鱼；风越大，他的抵抗也越大，似乎是和狂风决一死战。猛的一股风顶得他透不出气，闭住口，半天，打出一个嗝，仿佛是在水里扎了一个猛子。打出这个嗝，他继续往前奔走，往前冲进，没有任何东西能阻止住这个巨人；他全身的筋肉没有一处松懈，像被蚂蚁围攻的绿虫，全身摇动着抵御。这一身汗！等到放下车，直一直腰，吐出一口长气，抹去嘴角的黄沙，他觉得他是无敌的；看着那裹着灰沙的风从他面前扫过去，他点点头。风吹弯了路旁的树木，撕碎了店户的布幌，揭净了墙上的报单，遮昏了太阳，唱着，叫着，吼着，回荡着！忽然直驰，像惊狂了的大精灵，扯天扯地的疾走；忽然慌乱，四面八方的乱卷，像不知怎好而决定乱撞的恶魔；忽然横扫，趁其不备地袭击着地上的一切，扭折了树枝，吹掀了屋瓦，撞断了电线；可是，祥子在那里看着；他刚从风里出来，风并没能把他怎样了！胜利是祥子的！及至遇上顺风，他只须拿稳了车把，自己不用跑，风会替他推转了车轮，像个很好的朋友。

这一段描写出现在《骆驼祥子》的第 8 节，是祥子从曹家出来之后的心理活动。祥子给曹家拉包月，挣了一笔钱，曹家的佣人高妈教他把钱借出去收利息。祥子接受不了这种资本主义社会的新观念，而坚持自己从乡下带来的办法，把现钱放在自己身上，或者托付给熟人，请人和车厂老板刘四帮自己保管，等到需要买车时再去找刘四要回来。应该说，高妈的金钱观念是符合北平城生存需要的一种基本观念，祥子接受不了，说明祥子要在北平城生存下去，注定会遇到很大的困难和挫折。老舍的这段描写意在暗示这一点。巨人和狂风对抗的形象，既是北京城风沙扑面的自然环境的描写，也是祥子作为不合时宜的乡下人和现代都市文明格格不入的比喻。祥子需要用尽全身力气才能抵挡那“扭折了树枝，吹掀了屋瓦，撞断了电线”的狂风，比喻祥子要在北平城站稳脚跟，容不得一丝一毫的懈怠。在极其精细的现实生活的细节描写中，老舍表达了祥子强悍的生存意志和人格力量。

三

可是，具有如此强悍的生存意志和人格力量

的祥子，怎么会走上绝路呢？这的确是一个令人费解的问题。

《骆驼祥子》总共 24 节，第 1 节开头就说明北平洋车夫的派别，先按年龄和身体条件区分，再按环境与知识的差异区分，最后划定祥子属于年轻力壮、自己有车的“那一类”。这说明老舍是将祥子作为一种社会中的一类人来写的，祥子的命运不仅是他个人的，而且是整个进城打工的人的。而且，老舍的态度很悲观，第 1 节最后写完祥子的车厂梦后，以一句带有讽刺意味的话结束：“可是，希望多半落空，祥子的也非例外。”可以想象，小说后面肯定不会写祥子终于成功的当上车厂主的。果然，第 1 节短短的篇幅里写了祥子三年的奋斗，千辛万苦成功了，剩下 23 节漫长的篇幅里也只写了近三年时间，祥子渐渐成了个人主义的末路鬼。作家立意要写的是一个强者被打败的故事。在写作《骆驼祥子》之前，老舍已经设想“为彼此活着”的群体生活状态，因此，自然对“只顾自己的生活”的祥子没有什么兴趣。

我们知道，英国作家笛福在《鲁滨孙漂流记》中写的是鲁滨孙·克鲁索一个人奋斗的成功

史，老舍在《骆驼祥子》中讲的算是成功之后的故事。祥子入城前后的情况与鲁滨孙上岛前后是一致的。岛居的克鲁索失去所有人间消息之后，按照自己的原则构建了人际关系，并取得了主人的地位。但祥子，尽管也是“没有父母兄弟，没有本家亲戚，他的唯一的朋友是这座古城”，也不知道自己的生日，买车以后才决定以买车的日子作为自己的生日，刚刚在北平城获得了“再生”，老舍却三言两语就将祥子三年始得的“再生”打发过去了。而且，更具讽刺意味的是，在讲完祥子在兵荒马乱之中丢车、得到三匹骆驼之后，老舍特意写道：“自从一到城里来，他就是‘祥子’，仿佛根本没有个姓；如今，‘骆驼’摆在‘祥子’之上，就更没有人关心他到底姓什么了。有姓无名，他自己也并不在乎。”姓氏象征着对城市人际关系的适应程度，《骆驼祥子》几乎给所有比祥子适应都市生活的人物都取了姓，如刘四爷、曹先生、孙侦探、阮明、高妈等，而与祥子类似的二强子、小福子则无姓氏。这说明“再生”前后的祥子并未适应新的人际关系网络，甚至可以说并未进入新的人际关系网络，因为“他的眼仿佛是老看着自己的心”，“在新的环境里还能保持着旧的习惯”。而得到“骆驼”的外号之后，他才慢慢进入新的人际关系，却表现出强烈的不适。他无法接受、处理与虎妞的关系，无法学习高妈放账的方法，也不信任方太太推荐的把钱存在邮局的办法，只是把钱紧紧攥在自己手里，或者寄放在自己信任的熟人刘四爷那里，表现出极端保守的姿态；他甚至连车夫朋友都没有，几乎从未同情过老弱病残的车夫。因此，他绝对不可能像克鲁索那样，通过个人奋斗，最终成功。

但是，祥子又不愿意回到乡下去。于是，适应不了新环境的他，在新环境中变得十分孤独，被新环境慢慢消磨掉身体和心气，成为孤魂野鬼。可见，老舍写的是一个和笛福《鲁滨孙漂流记》完全相反的故事。与处在大英帝国殖民事业蒸蒸日上之期的笛福相比，生活在 20 世纪 30 年代列强环伺的中国，老舍的确不可能像笛福那样乐观和雄迈。

在《骆驼祥子》中，老舍批评北平的汽车夫和洋车夫：“同是在地狱里，可是层次不同。他们想不到大家须立在一块儿，而是各走各的路，个人的希望与努力蒙住了各个人的眼，每个人都

觉得赤手空拳可以成家立业，在黑暗中各自去摸索个人的路。”这进一步将老舍对个人奋斗的批评落实在“大家须立在一块儿”之上。不过，老舍一方面主张“大家须立在一块儿”，将祥子作为个人主义末路实验的牺牲品，讲了一个故事，另一方面却讲了阮明贩卖革命思想的故事。阮明是一个不爱学习的学生，一个没有人格的懒汉，一个卖友求荣的奸细，最后参加组织洋车夫的工作时，被祥子出卖。老舍带讽刺的口吻写道：“急于宣传革命的机关，不能极谨慎的选择战士，愿意投来的都是同志。但是，受津贴的人多少得有些成绩，不管用什么手段做出的成绩；机关里要的是报告。”老舍将有组织的革命涂上了极为世俗的面影，可见他并不理解革命，也不接受革命。因此，老舍要表达的是，尽管个人主义走上了末路，中国社会也不能走上革命的道路，祥子只有死路一条。

另外，老舍还讲了像祥子那样的个人奋斗的内在矛盾，即所谓“个人主义的两端”。第 23 节末尾，祥子深陷堕落之中后，老舍说：“他的命可以毁在自己手里，再也不为任何人牺牲什么。为个人努力的也知道怎样毁灭个人，这是个人主义的两端。”面对祥子苟延残喘式的了此残生的窘境，老舍不仅不再进行同情的描写，而且在整个小说中第一次跃出一个抽象的概念——个人主义。从绝对的高度浓缩祥子的一生，的确是很决绝的。而在第24节，这个抽象概念出现了两次，最后一次出现在整个小说的结尾：

> 体面的，要强的，好梦想的，利己的，个人的，健壮的，伟大的，祥子，不知陪着人家送了多少回殡；不知道何时何地会埋起他自己来，埋起这堕落的，自私的，不幸的，社会病胎里的产儿，个人主义的末路鬼！

这是一个高度抽象的结尾，在一个分号前后全面地概括了祥子“从中兴到末路”的生命历程，两组分立的形容词压缩了祥子思想、意志、身体的变化，两组分立的动词揭示了祥子时空感的缺失，两组分立的名词隐藏了一个从人变成鬼的故事，并共同指向了社会的不良及个人主义的末路。就这样，祥子背负着高度抽象的个人主义内在矛盾，在病态的社会里，匆匆忙忙地变成了末路鬼。

第五章
抗战烽火

一

在正式打开老舍在抗战烽火之中的人生书页之前，我们回过头来看看老舍的一次演讲和一首新诗。

演讲是 1930 年 7 月 7 日在北京师范大学做的，在演讲中，老舍慷慨激昂地说：

> 在最近二三十年我们受了多少耻辱，多少变动，多少痛苦，为什么始终没有一本伟大的著作？不是文人只求玩弄文字，而精神上与别人一样麻木吗？我们不许再麻木下去，我们且少掀两回《说文解字》，而去看看社会，看看民间，看看枪炮一天打杀多少你的同胞，看看贪官污吏在那里耍什么害人

的把戏。看生命，领略生命，解释生命，你的作品才有生命。

有的人说老舍不懂政治也不在小说中写政治问题，真不知是怎么看出来的。将“伟大的著作”与民族痛苦、社会民生联系在一起，说明老舍的政治意识是非常强烈的。他爱人，爱社会，爱这个国家，所以他反侵略，反无良的政府。他珍爱这片土地上的生命，而且他认为作品的生命来自这片土地上的生命。可以想象，当更大的变乱和灾难来临之时，老舍会做出怎样的选择？

当然，演讲到底是讲演，有些话是说给听众听的，不一定都是演讲人的心里话。所以，我们要再读一首老舍1932年写的诗，诗的名字叫《音乐的生活》，在诗中，老舍这样写道：

我，宇宙之琴的一个单音，
想在琴曲中试试我的轻颤；
假如我在调和的群响里消失，
似雨滴落在“海母亲”的怀里，
感谢那弹琴的圣手，也许是上帝，
使我伴着“音姊妹”们游戏。

宇宙之琴的弦上，不只有工，尺，上，四；
山，海，狮，凤，风，雨，花影的徘徊，
有声与无声的，是并非全无颜色的音符；
还有我的一首小歌，在黄蝶的翼上，
陪衬着东岳上的松涛。
我不愿听音乐，除非我在音乐里；
假如我在音乐里，能不能还听得见自己？
噢，弹，琴手，弹那宇宙之歌，
在和音的梦中只有一切是自己。

别说我不甘静寂，
我愿随着余音飞入静寂之乡：
山静如雪，
海平如镜，
在那里把我的无音之曲，
放在夜莺的梦中，
叫她睡得加倍的甜蜜。

“我”与山、海、狮、凤、风，雨，花影等全部“有声与无声的”一样，都是有颜色的音符，是“音姊妹”，在琴手的弹奏下，调和成了音乐。音乐，也就是宇宙之歌，和音的梦，是“一切”，是情感或意义的说明。因此，“我”要听见“自己”，就必须听到“一切”；在和音的梦中，只有“一切”是“自己”。“我”作为宇宙之琴的一个单音，只有汇入琴曲中，在调和的群响里消失，与“音姊妹”们一起游戏，才能成为“自己”。一旦成为“自己”，与音乐同体，就算是随着余音飞入静寂之乡，也会是无音之曲，放在夜莺的梦中，能够叫她睡得加倍的甜蜜。在这里，夜莺指的是作为歌唱者或诗人的老舍自己。歌唱者或诗人获得了在调和的群响中轻颤的单音，也就是获得了音乐，因此能够睡得加倍的甜蜜。通过这首诗，我们会发现，老舍希望在国家和社会的和谐中找到属于自己的事业和幸福，他关心作为个人的自己，更关心这个“自己”与国家和社会的关系，他有非常积极和明确的承担国家和社会责任的意识。因此，当大的灾难和变乱来临，当国家和社会有基本的需要时，老舍会怎么选择，不是很清楚了吗？

从卢沟桥事变起，我们的作家就开始重新规划自己的生活方向。当时在青岛的老舍，正赶写两部长篇小说《病夫》和《小人物自述》。战事一起，北平沦陷，天津沦陷，老舍不愿写下去了，小说里没有战争的影子，离现实生活太遥远

了，此时此刻，此等小说，还有什么可写的呢？青岛的朋友纷纷把家属送走，也千叮咛万嘱咐，希望老舍也早点离开青岛。

可惜，老舍也不能马上走，老母亲还在北平，自然有亲友照顾，可是妻子胡絜青临产，不能随便上路。到了 8 月 1 日，第三个孩子出生，是个女儿。老舍有感于时代之“乱”，想给女儿取名“乱”。但妻子觉得过于现实，刚好当天下雨，才又取名“雨”。

人心惶惶，但也只有强自镇定。上海不能去，随时会有大的战事，青岛也随时会被波及，为了生活，老舍又接受了齐鲁大学的聘请，先行去了济南。安顿好了，赶紧电报委托青岛的朋友将妻子儿女送来济南，才算稍微喘息了一下。

等到西安事变，济南人心也不稳了，有的开始逃亡。老舍刚从青岛逃来，钱花得差不多了，因为战争，稿费又停了，只等齐鲁大学开学，才能有工资，所以决定暂时留在济南。

9 月 15 日齐鲁大学开课，学生才到了一半。16 日山西大同失陷，济南大受影响，到 30 日，日本侵略者进入山东，学生纷纷请假回家。后来战事越发吃紧，学校只好停课，大家开始纷纷逃命。到了 11 月中，老舍也只好开始考虑，怎么逃出济南。

怎么逃呢？首先，老舍不知道上哪里去好：回老家北平吧，道路不通；而且北平已陷入敌手，劝朋友逃出来都来不及，自己怎能去自投罗网呢？到上海去吧，上海朋友早说了去不得。其次，从泰安到徐州，火车时常遭受敌机轰炸，而小女儿还不满三个月，大的孩子也不过四岁，实在不便去冒险。那么好吧，独自逃亡，把家属留在济南。可是，这等事怎么忍心呢？全家走吧，既麻烦又危险。这是最凄凉的日子。齐鲁大学的学生已都走完，教员也走了多一半。那么大的院子，只剩几家人。每天，只要是晴天，必有警报：上午八点开始，到下午四五点钟才解除。院子里静寂得可怕，卖青菜，卖果子的都已不再来，而一群群的失了主人的猫狗都跑来讨饭吃。

不逃吧，当然也能活下去。可是，老舍一下子想到自己生命中最大的恐惧，如果留在济南，被敌人俘虏了，怎么办？死亡事小，假若被捉去而被逼着做汉奸，怎么办呢？老舍说：

> 这点恐惧，日夜在我心中盘旋。是的，我在济南，没有财产，没有银钱；敌人进

来，我也许受不了多大的损失。但是，一个读书人最珍贵的东西是他的一点气节。我不能等待敌人进来，把我的那点珍宝劫夺了去。我必须赶紧出走。

11 月 15 日黄昏，老舍终于提起小箱，独自走出了家门。但也知道不一定能走，因为交通是半瘫痪状态，所以临别的末一句话是："到车站看看有车没有，没有车就马上回来！"

路上很静，车站上却人山人海。挤到票房，老舍买了一张到徐州的车票。8 点，车进了站，连车顶上也已坐满了人。老舍有票，而上不去车。看看车子看看手中的票，老舍对来送行的朋友说："算了吧，明天再说吧！"

朋友主张再等一等。等来等去，已经快 11 点了，车子还不开，老舍也上不去，就又要回家。朋友代老舍打定了主意："假若能走，你还是走了好！"朋友去敲了敲末一间车的窗。窗子打开，一个茶役问了声："干什么?"朋友递过去两块钱，只说了一句话："一个人，一个小箱。"茶役点了头，先接过去箱子，然后拉老舍的肩。朋友托了老舍一把，老舍钻入了车中，脚还没落稳，车里的士兵便连喊："出去！出去！没有地方。"

好容易立稳了脚，老舍说已买了票。大家看着他，没再说什么。老舍告诉窗外的朋友："请回吧！明天早晨请告诉我家里一声，我已上了车！"

到郑州，老舍给家中与汉口的朋友打了电报，而后歇了一夜。

到了汉口，老舍的朋友刚刚接到电报，便把老舍接到他的家中。这是 1937 年 11 月 18 日。从这一天起，老舍开始了流亡的生活。

二

从 1937 年 11 月到 1938 年 7 月，老舍在武汉生活了大半年时间。作为一个北方人，老舍对武汉简直没有任何好感，如果不是因为战争，他可能是不会在武汉停留那么长时间的。回忆武汉的时候，老舍说："特别值得留恋的是武昌的老天成酒店。这是老字号。掌柜与多数的伙计都是河北人。我们认了乡亲。每次路过那里，我都得到最亲热的招呼，而他们的驰名的二锅头与碧醇是永远管我喝够的。"看看，他留恋的还是北方的人和饮食。

武汉有汉口、武昌和汉阳三镇，汉阳有兵工厂，所以日本人当时经常空袭武汉。大家也就想

撤离武汉，到长沙或者别的什么地方去。老舍也想赶紧离开，到别的什么地方去。但武汉的朋友都挽留他，尤其是好友游国恩教授。游教授当时在华中大学教书，他不但不准老舍走，而且把自己的屋子与床铺都让给老舍住。游教授另有打算，如果时局不太坏，学校还不至于停课，他很希望老舍在华中大学教书。

可是，老舍第一次到华中大学参观，便遇上了空袭。当时，武汉的防空设备都很简陋。汉口的巷子里多数架起木头，上堆沙包。一个轻量的炸弹也会把木架打垮，而沙包足以压死人。比这更简单的是往租界里跑。租界里连木架沙包也没有，可是大家猜测着日本人还不至于轰炸租界——这是心理防空法。武昌有些地方挖了地洞，里边用木头撑住，上覆沙袋，这和汉口的办法一样不安全。有的人一有警报便往蛇山上跑，藏在树林里边。这只须机枪一扫射，便要损失许多人。华中大学更好了，什么也没有。老舍和朋友们便藏在图书馆的地窖里。

不久，何容、老向等朋友来到武昌千家街，冯玉祥邀请老舍过去。那里很清静，有个相当大的院子。何容和老向打算编个通俗刊物，老舍也愿意参与，就搬到千家街，而慢慢忘了到长沙去的事。流亡中，本来是到处为家，有朋友的地方便可以小住；老舍就这么在武昌住了下去。

住在武汉，也没有闲着。老舍在武汉参与了一系列各种各样的抗日活动，当然，主要都是用笔。老舍主要参与了三项活动：

第一是参加“文协”，即全国文艺界抗敌协会，老舍是“文协”的总负责人。

在巨大的民族灾难之下，文人们都集结到武汉，有郭沫若、茅盾、胡风、冯乃超、艾芜、鲁彦、郁达夫、阳翰笙、宋之的等，还有好多导演与演员。朋友们见面，不约而同地都想组织全国文艺界抗敌协会，以便团结到一处，共同努力于抗战的文艺。老舍受邀参加了筹备工作。

筹备得相当快，1938 年 3 月 27 日成立大会在汉口总商会礼堂举行了。老舍作为筹备委员之一，当天早上 6 点就起来了。下面是老舍记录的当天的情形：

> 六点，我再也躺不住。起看，红日一轮正在武汉大学的白石建筑上。洗洗脸，便往外走。心想，即便有空袭，能到了江那边便有办法，就怕截在江这边，干着急而上不去

轮渡。急走，至江岸，雾甚重，水声帆影，龟山隐隐，甚是好看，亦渐放心。到汉口，雾稍敛，才八点钟。

先到三户印刷所找老向与何容二位。他们已都起来，大概都因开大会兴奋。睡不着也，何容兄平日最善晚起。坐了一会儿，大家的眼都瞅着由窗子射进来的阳光，感到不安。“这天儿可不保险”，到底被说出来；紧跟着：“咱们走吧！”

总商会大门前扎着彩牌，一条白布横过宽大的马路，写着雄大的黑字。楼适夷先生已在门内立着，手里拿着各色的缎条，预备分给到会者佩戴；据说，他是在七点钟就来了。礼堂里还没有多少人，白布标语与台上的鲜花就特别显着鲜明清楚。那条写着“文章下乡　文章入伍”的白布条，因为字写得挺秀，就更明爽醒眼。除了这三四条白布，没有别的标语，倒颇严肃大方。

最先见到的是王平陵与华林两位先生，他们为布置会场都受了很大的累；平陵先生笑着说：“我六点钟就来了！”

人越来越多了，签到处挤成一团！签完

字便都高兴地带起缎条和白布条——缎条上印着成立大会字样，布条上写着人名，以便彼此一握手时便知道谁是谁了。入了会场，大家三五成组，有的立，有的坐，都谈得怪快活。又进来人了，识与不识，拦路握手，谁也不感到生疏或拘束。慢慢地，坐着的那些小组联成大一点的组，或竟联成一整排；立着的仿佛是表示服从多数，也都坐下去。摄影者来了不少，看还没有开会，便各自分别约请作家，到屋外拍照。这时候，会员中做刊物编辑的先生们，都抱着自己的刊物，分发给大家。印好的大会宣言，告世界作家书，会章草案，告日本文艺作家书，本已在每个人的手中，现在又添上几种刊物，手里差不多已拿不了，只好放在怀中，立起或坐下都感到点不甚方便的喜悦。

啊，我看见了丰子恺先生！久想见见他而没有机会，又绝没想到他会来到汉口，今天居然在这里遇到，真是惊喜若狂了。他的胡子，我认得，见过他的相片。他的脸色（在相片上是看不出来的）原来是暗中有光，不像我理想的那么白皙。他的眼，正好配他

的脸，一团正气，光而不浮，秀而诚朴。他的话，他的举动，也都这样可喜而可畏。他显出不知如何是好的亲热，而并不慌急。他的官话似乎不甚流利，可是他的眼流露出沉着诚恳的感情。

在他旁边坐着的是宋云彬先生，也是初次会面。说了几句话，他便教我写点稿子，预备为儿童节出特刊用的。我赶紧答应下来。在武汉，谁来约稿都得答应；编辑者当面索要，少一迟疑，必会被他拉去吃饭；吃完朋友的饭，而稿子却写得欠佳，岂不多一层惭愧吗？

跟他们二位刚谈了几句，钟天心先生就过来了。刚才已遇到他，八年未见，话当然是多的；好吧，我只好舍了丰宋二位而又找了天心兄去；况且，他还等着我给他介绍朋友啊。他这次是由广州赶来的。胖了许多，态度还是那么稳而不滞。我俩又谈了会儿；提起许多老朋友，都已难得相见；可是目前有这么多文艺界朋友，聚在一堂，多么不容易呢！

人更多了。女宾开始求大家签字。我很

美慕她们，能得到这样的好机会；同时，又很惭愧，自己的字写得是那么坏，一页一页的专给人家糟蹋纸——而且是那么讲究的纸！

快开会，一眼看见了郁达夫先生。久就听说，他为人最磊落光明，可惜没机会见他一面。赶上去和他握手，果然他是个豪爽的汉子。他非常的自然，非常的大方，不故意的亲热，而确是亲热。正跟他谈话，郭沫若先生来到，也是初次见面。只和郭先生说了一句话，大会秘书处的朋友便催大家就位，以备振铃开会。党政机关的官长，名誉主席团，和主席团，都坐在台上。名誉主席团中最惹人注意的，是日本名写家鹿地亘先生，身量不算太矮，细瘦，苍白的脸，厚厚的头发，他不很像个日本人。胡风先生陪着他，给他向大家介绍。他的背挺着，而腰与手都预备好向人鞠躬握手，态度在稍微拘谨之中露出恳挚，谦虚之中显出沉毅。他的小小的身体，好像负着大于他几千几万倍的重担。他的脸上显着忧郁，可是很勇敢，挺着身子，来向真正爱和平的朋友们握手，齐往艰苦而可以达到正义的路上走。他的妻坐在台下，样子颇像个广东女人。

振铃了，全体肃立。全堂再也听不到一点声音。

邵力子先生宣告开会，王平陵先生报告筹备经过，并读各处的贺电。两位先生一共用了十分钟的工夫，这给予训话和演讲的人一个很好的暗示——要短而精。方治先生和陈部长的代表训话，果然都很简短而精到。鹿地亘先生讲演！全场的空气紧张到极度，由台上往下看，几乎每个人的头都向前伸着。胡风先生做了简单的介绍，而后鹿地亘先生的柔韧有劲的话，像用小石投水似的，达到每个人的心里去。几乎是每说完一段，掌声就雷动；跟着就又是静寂。这一动一静之际，使人感到正义与和平尚在人间，不过只有心雄识远的人才能见到，才肯不顾世俗而向卑污黑暗进攻，给人类以光明。文艺家的责任是多么重大呀！

周恩来先生与郭沫若先生相继演说，都简劲有力。末了，上来两位大将，冯玉祥先生与陈铭枢先生。这两位都是会员，他们不仅爱好文艺，而且对文艺运动与文化事业都非常的关心与爱护。历史上——正像周恩来先生所说的——很难找到这样的大团结，因为文人相轻啊。可是，今天不但文人们和和气气的坐在一堂，连抗日的大将也是我们的会员呀。

已到晌午，没法再多请人演讲；其实该请的人还很多呢。邵力子先生（主席）便求老向先生向大家报告：（一）请到门外去照相。（二）照完相，到普海春吃饭，来宾和会员都务请过去。（三）午餐后，会员就在普海春继续开会，省得再往回跑。

照相真热闹，拿着像匣的你挡着我，我挡着你，后面的干着急，前面的连连的照。照了好大半天，才大家有份的都“满载而归”。

晴暖的春光，射在大家的笑脸上，大家携手向饭馆进行。老的小的，胖的瘦的，男的女的，高的矮的，文的武的，洋装的华服的，都说着笑着，走了一街。街上的人围拢进来，大概觉得很奇怪——哪里来这么多酸溜溜的人呢？

普海春楼上已摆好十几席。大家顾不得入席，有的去找久想晤谈的友人谈话，有的忙着给小姐们签字——冯玉祥先生已被包围得风雨不透。这时候，我看见了卢冀野先生。他更胖了，诗也作得更好——他已即席吟成七律一首；还说要和我的那首文协成立会的贺诗呢。我俩正文换住址，前面喊起入席呀，入席呀！

我赶到前面，找着个空位就坐下了。多么巧，这一桌都是诗人！左旁是穆木天先生，右旁是锡金先生，再过去是宋元女士彭玲女士和蒋山青先生……一盘橘子已被抢完，我只好把酒壶夺过来。刚吃了两个菜，主席宣告，由我朗读大会宣言。王平陵先生不知上哪里去了。我就蹬了他的椅子，朗诵起来。没想到这么累得慌，读到一半，我已出了汗。幸而喝过两杯酒，还没落个后力不佳。读完归座，菜已吃空，未免伤心。

盛成先生朗读致全世界作家书的法文译文，读得真有功夫，博得几次的满堂彩。

一位难民不知怎的也坐在那里，他立起来自动的唱了个流亡曲，大家也报以掌声。他唱完，冯玉祥先生唱了个吃饭歌，词句好，声音大，大家更是高兴。老将军唱完，还敬大家一杯酒，他自己却不喝，烟酒是与他无缘的。紧跟着，我又去宣读告全世界作家书的原稿，孙师毅先生朗读胡风先生起草的告日本文艺作家书，老向先生宣读慰劳最高领袖暨前线将士的电文。饭已吃完。

空袭警报！

早晨到会来时的那点不安，已因会场上与餐厅间的欢悦而忘掉。可是，到底未出所料，敌机果然来了。好像是暴敌必要在这群以笔为武器的战士们团集的时候，给予威吓，好使他们更坚决的抗日。日本军阀是那么愚蠢的东西呢？炮火屠杀只足以加强中华民族的团结与齐心呀！他们多放一个炸弹，我们便加强一份抗战的决心。感谢小鬼们！

紧急警报！

桌上的杯盘撤下去，大家又按原位坐好。主席上了椅子，讨论会章。正在讨论中，敌机到了上空，高射炮响成一片，震得窗子哗啦哗啦地响。还是讨论会章！

会章通过，适夷先生宣读提议案，一一通过，警报还未解除。进行选举。选举票收齐，主席宣布委托筹备委员检票，选举结果在次日报纸上披露。

警报解除，散会。

晚报上登出大会的盛况，也载着敌机轰炸徐家棚，死伤平民二百多！报仇吧！文艺界同人们怒吼吧！中华民族不得到解放，世界上便没有和平；成立大会是极圆满的开完了，努力进行该做的事吧！

在老舍风趣幽默的笔下，我们到现在都还能感受到当天中国文人的热血、气节和精神。因为深爱祖国，他们在民族危难之时，迸发出惊人的团结意志和力量。而我们的小说家老舍，即是其中极为重要的一员。

“文协”成立之后的第一次理事会是在冯玉祥家里开的。开会的时候，画家张善子“闻风而至”，愿做会员。大家告诉他：“这是文艺界协会，不是美术协会。”可是，他却另有个解释：“文艺就是文与艺术。”虽然这是个曲解，大家不再好意思拒绝他，他就做了“文协”的会员。在理事会上，老舍被推举为常务理事和总务组组长，对外代表“文协”。此后，老舍连选连任，整整当了七年。

第二是办《抗战文艺》，它是“文协”的会刊，老舍是负责人。

《抗战文艺》最初是3日刊，因此出刊频率太高，来不及写文章，出到5期就改为周刊。会刊虽不很大，它却给文艺刊物开了个新纪元——它是全国写家的，而不是一个人或几个人的。从积极的方面看，它要在抗战的大前提下，容纳全体会员的作品，成为“文协”的一面鲜明的旗帜。从消极的方面看，它要尽量避免像战前刊物上一些彼此的口角与近乎恶意的批评。它既要稳健，又要活泼；它要集思广益，还要不失了抗战的一定的目标；它要抱定了抗战宣传的目的，还要维持住相当高的文艺水准。这不大容易做到。可是，它自始至终没有改变本来面目，始终没有一篇专为发泄自己感情而不顾及大体的文章。

《抗战文艺》在武汉一共出了20期。自17期起，改在重庆复刊。这个变动的痕迹是可以由纸张上看出来的，前16期及特刊4期都是用白报纸印的，自第17期起，可就换用土纸了。重庆的印刷条件不及武汉那么良好，纸张——虽然是土纸——也极缺乏。因此，在“文协”的周年纪念日起，会刊由周刊改为半月刊。后来，又改成了月刊。就在改为月刊之后，它还有时候脱期。会中经费支绌与印刷不方便是《抗战文艺》脱期的两个重要原因。但是，无论怎么困难，它始终没有停刊。它是“文协”的旗帜，会员们决不允许它倒了下去。

到了日本投降时，会刊出了70期。

第三是进行通俗文艺创作。

在抗日战争以前，无论怎样，老舍绝对想不到去写鼓词与小调什么的。抗战改变了一切。老舍的生活与文章也都随着战斗的急潮而不能不变动了。他曾和好几位热心宣传工作的青年去见大鼓名手白云鹏与张小轩，向他们讨教鼓词的写法。逃到武汉时，老舍遇到了田汉。田汉是极热心改革旧剧的，也鼓励老舍马上去试写。对于旧剧的形式与歌唱，老舍是懂行的。对于鼓词可就外行了，不能不去请教。于是，老舍就去找富少航和董莲枝，讨教北平大鼓书与山东大鼓书。恰好这时冯玉祥将军收容了三四位由河南逃来唱坠子的，老舍便经常和他们在一起，学习一点坠子的唱法。他们都是在河南乡间的集市上唱书的，所以他们需要较长的歌词，一段至少也得够唱半天的。老舍向他们领教了坠子的句法，就开始写一大段抗战的故事，一共写了三千多句。冯玉祥还邀了几位画家画抗战画片，托老舍编歌词，以便一边放映画片，一边歌唱。老向和何容正在编印《抗到底》月刊，专收浅易通俗的文字，老舍也经常给它写稿。后来，老舍把自己的通俗文艺创作合在一起，出版了一本书，书名叫《三四一》，因为里面收了三篇鼓词，四出旧形式新内容的戏，和一篇小说。老舍之所以能写长篇小说《鼓书艺人》，也和武汉这段经历密不可分。

三

老舍曾经用极其乐观的态度描写武汉遭到日本空袭的情况：

> 在武汉，我们都不大知道怕空袭。遇到夜袭，我们必定“登高一望”。探照灯把黑暗划开，几条银光在天上寻找。找到了，它们交叉在一处，照住那银亮的，几乎是透明的敌机。而后，红的黄的曳光弹打上去，高射炮紧跟着开了火。有声有色，真是壮观。
>
> 4 月 29 日与 5 月 31 日的两次大空战，我们都在高处看望。看着敌机被我机打伤，

> 曳着黑烟逃窜，走着走着，一团红光，敌机打几个翻身，落了下去；有多么兴奋，痛快呀！一架敌机差不多就在我们的头上，被我们两架驱逐机截住，它就好像要孵窝的母鸡似的，有人捉它，它就爬下不动那样，老老实实的被击落。

但是，战争的残酷不是乐观精神能够抵消的。进入 7 月以后，武汉局面已不可收拾，老舍只好于 7 月 30 日坐船撤离武汉，前往重庆。

8 月 14 日，老舍一行人到了重庆。重庆的热是出名的。老舍从没睡过凉席，现在没法不去买一张了。睡在凉席上，照旧汗出如雨。人仿佛是在炉里。只有在一早四五点钟的时候，稍微凉一下，其余的时间全是在热气团里。城中树少而坡多，顶着毒花花的太阳，一会儿一爬坡，实在不是好玩的。

“文协”的会友慢慢的都来到，他们在临江门租到了会所，开始办公。

何容与老舍同住一个房间，两张床。何容编《抗到底》，老舍写文章。何容每天是午前 11 点左右才起来。老舍呢，到 11 点左右已写完一两千字。写完，老舍去吃午饭。等老舍吃过午饭回来，何容也出去吃东西，老舍正好睡午觉。晚饭他们俩一块儿吃。晚上老舍睡得很早，何容开始工作，一直到深夜。这样，他们虽分住一间屋子，可是谁也不妨碍谁。赶到两人偶然都喝醉了的时候，才一齐吵嚷一回。

老舍开始正式跟富少舫学大鼓书。好几个月，才学会了一段《白帝城》，腔调都模拟刘（宝全）派。学会了这么几句，写鼓词就略有把握了。下面选一段老舍写的鼓词《王小赶驴》，来感受一下别样的作家老舍的风貌：

> 大家一见无王小，知道半路遭了殃；
> 忙叫黑驴前引路，各带手提机关枪。
> 远远看见贼兵队，四面包围心不慌；
> 只杀得贼兵无处躲，只杀得贼兵喊爹娘，
> 只杀得贼兵满地滚，只杀得天暗无日光。
> 这才是恶人遭了报，血肉横飞命齐亡。
> 贼尸遍地停枪火，看见黑驴四腿僵，
> 身中数枪早已死，死在王小尸首旁；
> 王小身上如血染，面目如生笑脸庞。
> 兵将举枪齐敬礼，含泪抬回得胜王。
> 说一回王小赶驴全忠义，千秋万代姓名香。
> 人人若要都这样，管教日本把国亡！

这鼓词朗朗上口，铿锵有力，洋溢着激烈的精忠报国的爱国精神，极好地鼓舞了当年国人团结抗日的斗志。

1939 年春，老舍开始学写话剧剧本。和戏剧界的朋友有了来往，看他们写剧、导剧、演剧、老舍也就见猎心喜。他用写小说的办法写话剧，很是特别，终于写成了话剧大家。这是后话，先略过不提。

重庆也有空袭，但到底是大后方，日常生活都还能过得下去。老舍工作之余，也去看看朋友，聊聊天，玩一玩。去吴组缃家看他养的小花猪，去姚蓬子家看看他的砚台……，也算是难得的快乐。

当然，有时也有一些大的行动，不是坐在家里写写画画那么简单，比如组织战地访问团慰劳抗战将士。1939 年初夏，“文协”得到战地党政工作委员会的资助，组成战地访问团，以王礼锡先生为团长，宋之的先生为副团长，率领罗烽、白朗、葛一虹等十来位先生，到华北战地去访问抗战将士。另有一个以贺衷寒为团长的慰劳团，也是北上的，老舍买了两身灰布的中山装，准备随慰劳团远行。

慰劳团先到西安，而后绕过潼关，到洛阳。由洛阳到襄樊老河口，而后出武关再到西安。由西安奔兰州，由兰州到榆林，而后到青海，绥远，宁夏，兴集，一共走了五个多月，两万多里。沿途的所见所闻，老舍都记在《剑北篇》里。在陕州，老舍几乎被炸死，在兴集，差一点被山洪冲走。这些危险与兴奋，他都记在《剑北篇》里。

作为一个诗人，老舍也有值得称道的地方，只不过完全被他小说的盛名掩盖住了。我们前面选过他一首新诗《音乐的生活》，下面再选《剑北篇》里的几句，来验验诗人老舍的成色吧：

> 我们打算，由榆林穿过伊盟，
> 骑着骆驼，携着帐篷，
> 像蒙古的儿女，宿月餐风，
> 到沙漠里的绿洲，参拜王公；
> 然后，渡过大河，在草原上驰骋，
> 到五原陕坝，慰问抗日的英雄。
> 可是伕役驼马，食水帐篷，
> 几十人的团体，困难重重；
> 算计着，到了长安，正赶上中秋月明。
> 赶过清涧，宿在永平，
> 到延安，又在山沟窑洞里备受欢迎：

男女青年，谐音歌咏，
中西乐器，合奏联声，
自制的歌，自制的谱，由民族的心灵，
唱出坚决抗战的热情；
为了抗战宣传，话剧旧剧兼重，
利用民歌与秦腔，把战斗的知识教给大众。

像民谣，又像是民间的史诗，在老舍的手中焕发出新的活力，记载着抗战时期中国人的精神气质。老舍大概不能算是一个特别具有现代感觉的诗人，但在他的诗歌中活动的人物，都是现代的，是中西合璧的宁馨儿，是时代的青年。

四

1941 年夏，老朋友罗常培来到重庆，由其介绍，老舍认识了清华大学校长梅贻琦。梅校长听到老舍的病和生活状况，决定邀请他到昆明去住些日子。昆明的天气好，又有许多老朋友，老舍也很愿意去。于是，8 月下旬，老舍同罗常培一起乘飞机去了昆明。

老舍很喜欢成都，因为觉得它有许多地方像北平。不过，论天气，论风景，论建筑，昆明比成都更好。土是红的，松是绿的，天是蓝的，昆明的城外到处像油画。

更让老舍高兴的是遇见那么多的老朋友。杨振声的背有点驼了，却还是那样风流儒雅。他请不起吃饭，可是也还烤几罐土茶，围着炭盆，和老舍一谈就是几个小时。罗庸也显着老，而且穷，但是也还给老舍包饺子，煮俄国菜汤吃。郑毅生、陈雪屏、冯友兰、冯至、陈梦家、沈从文、章川岛、段喆人、闻一多、萧涤非、彭啸咸、查良钊、徐旭生、钱端升都见到了，或约老舍吃饭，或陪老舍游山逛景。这真是快乐的日子。

在城中，老舍做了 6 次讲演，听众如云。在城中住腻了，他便同罗常培下乡。提着小包，顺着河堤慢慢地走，风景既像江南，又非江南，有点像北方，又不完全像北方；使人快活，仿佛是置身于一种晴朗的梦境。在乡下，老舍写完了《大地龙蛇》剧本。

1942 年 8 月初，老舍因住处严重缺水便受冯玉祥之邀来到灌县。县城不大，处处是水，滋养着川西坝子。老舍住在孤零零的一所小洋房里，两面都是雪浪激流的河，把房子围住，门前终日几乎没有一个行人，除了水声也没有别的声音。门外静静的稻子都有一人来高。远望便见到大大

的青城雪山，都是绿的。院子里有一小盆兰花，时时放出香味。老舍对灌县印象非常好，甚至动念搬到那里去住，对都江堰和李冰父子也是赞不绝口。

在灌县住了十天，老舍他们又去了青城山。山在县城西南，约 40 里。一路上，溪流很多，有的浑黄，有的清碧。溪岸上往往有些野花，在树荫下静静地开着。游玩之后即返回灌县城，停留了一夜，就去了成都。

在成都停留的时间较长，老舍见了“文协”分会的会员，看了他们的会刊《笔阵》，也见了老朋友叶圣陶。之后应邀看了川剧，又逛了逛旧书摊，就回重庆去了。回重庆时已是中秋，天阴，没有月光。老舍说：“这样也好，省得看月思乡，又是一番难过！”

五

物价像发疯似的往上涨。文人们的生活都非常的困难。大家已不能时常在一起吃饭喝酒了，因为口袋里都是空空的。“文协”的许多会员都到桂林和香港去了，人少钱少，更显着冷落。在重庆的几个人照常热心办事。办事很困难，只要大家动一动，外边就有谣言，每每还遭受打击。老舍他们也不灰心，也不抱怨。大家诸事谨慎，处处留神。为了抗战，甘心忍受一切的委屈。

老舍的身体也越来越坏，本来就贫血，又加上时常发疟子，不留神，猛一抬头，或猛一低头，眼前就黑那么一下，总有“又要停电”之感！

不过，头晕并没完全阻止老舍的写作。只要能挣扎着起床，老舍便拿起笔来，等头晕得不能坐立，再把它放下。

老舍平时好喝两杯。可是自入川以来，肠胃越发犯病，医生严嘱他戒酒，有很长一段时间都一滴酒没喝过。又爱抽烟、喝茶，爱养猫，入川以来，也受到限制。但是不得不养一只猫，因为住的地方到处是老鼠。老舍写了一组文章，名字就叫“多鼠斋杂谈”。买了只才生下来的小猫，太小了，简直怕大老鼠咬死它。老舍很不放心，用麻绳把小猫拴好，不光是怕它跑了，而是怕它不留神碰上老鼠。又怕它养不大，老舍尽量给小猫吃好的。后来也就养大了。

有一天，老舍一大早起来，一开门，小猫骄傲地向他叫了一声，右爪按着个已半死的小老鼠。小猫的旁边，还放着一大一小的两个死蛙——也是

它咬死的，而不屑于去吃，大概死蛙的味道不如老鼠的那么香美。

老舍大发感慨：“我须戒酒、戒烟、戒茶、甚至要戒荤，而咪咪——会有两只蛙，一只老鼠做早餐！说不定，它还许已先吃过两三个蚱蜢了呢！”

国难时期的日子，真的是怎么说，怎么让人心酸！

不过，老舍就是老舍，和那个时代大多数中国人一样，有苦中作乐的意志和精神。在贫病交加之中，老舍写道：

> 在抗战数年中，生活是越来越苦了。既要抗战，就必须受苦，我决不怨天尤人。再进一步，若能从苦中求乐，则不但可以不出怨言，而且可以得到一些兴趣，岂不更好呢！在衣食住行人生四大麻烦中，食最不易由苦中求乐，菜根香一定香不过红烧蹄髈！菜根使我贫血；“狮子头”却使我壮如雄狮！
>
> 住和行虽然不像食那样一点不能将就，可是也不会怎样苦中生乐。三伏天住在火炉子似的屋内，或金鸡独立的在汽车里挤着，我都想掉泪，一点也找不出乐趣。
>
> 只有穿的方面，一个人确乎能由苦中找

到快活。由家中逃出，我只带着一件旧夹袍和一件破皮袍，身上穿着一件旧棉袍。这三袍不够四季用的，也不够几年用的。所以，到了重庆，我就添置衣裳。主要的是灰布制服。这是一种“自来旧”的布做成的，一下水就一蹶不振，永远难看。吴组缃先生名之为斯文扫地的衣服。可是，这种衣服给我许多方便——简直可以称之为享受！我可以穿着裤子睡觉，而不必担心裤缝直与不直；它反正永远不会直立。我可以不必先看看座位，再去坐下；我的宝裤不怕泥土污秽，它原是自来旧。雨天走路，我不怕汽车。晴天有空袭，我的衣服的老鼠皮色便是伪装。这种衣服给我舒适，因而有亲切之感。它和我好像多年的老夫妻，彼此有完全的了解，没有一点隔膜。

我希望抗战胜利之后，还老穿着这种困难衣，倒不是为省钱，而是为舒服。

因为头晕，因为肠胃病，因为戒烟戒酒，老舍的空闲时间突然多了一些，似乎添了个“旧诗季节”。一入夏，老舍便到乡间去住，逃避城市的忙乱，养养病，养养身心。四川的乡间，不像

北方的村庄那样二三百户住在一处，而只是三五人家，连个卖酒的小铺也找不到。要去赶场，才能买到花生米，往往是十里以外。要看朋友，也须走十里八里。农家男女都有他们自己的工作与生活，可是外人插不进手去，看他们插秧，放牛，拔草，种菜，说笑，只是“看”着而已。有时候，从朝至夕没地方去说一句话！按说，在这个环境下，就应当埋头写作，足不出户了。老舍是来养病，不是来拼命。即使天天要写作，也必须有一定的限制，一天只写一千字。这样，写完这一千字或五百字，便心无一事，只等日落就寝。在这时节，老舍的确是闲了。

人往往很奇怪，太忙了不好，太闲了也不好。完全没事做的时候，身体虽然闲，脑子却不能像石头那样安静。眼前的山水竹树与草舍茅亭都好像逼着老舍说些什么，老舍的口中哼哼起来。哼的不是歌曲或文章，而是一种有腔无字的诗。老舍不由得想些字词，把那空的腔调填补起来。每个夏天都有十几首。让我们选读一首，体会一下乱离之世贫病交加的人们的愁苦吧：

历世于今五九年，愿尝死味懒修仙。

一张苦脸唾犹笑，半老白痴醉且眠。

每到艰危诗入蜀，略知离乱命由天。

若应啼泪须加罪，敢盼来生代杜鹃！

这首诗的大概意思是说：到现在为止，我已经在这个世上经历了45年了，就算死，也不要去当什么神仙。我这张苦脸，就算有人吐唾沫过来，也还要笑，这么半老的年纪了，还是什么都不懂，醉了睡吧。历史上每回诗写到四川都是艰难危险的时候，我也大概知道国家的离乱了，一切就听天由命吧；也不应该哭，哭就要罪加一等，只希望来生像古代蜀国的望帝杜宇那样变成杜鹃，再啼唱这离乱的命运吧！今生的悲苦要到来世才能说清，的确是令人心酸的。

老舍深知这个道理，后来回忆道：

夏天，能够住在有竹林的乡间，喝两杯白干儿，诵几句旧诗，不论怎么说，总算说得过来。一到冬天，在过去的两年里，可就不这么乐观了。冬天，我总住在城里。人多，空气坏，饮食欠佳，一面要写文卖钱，一面还要办理大家委托的事情；于是，由忙而疲，由疲而病；平价米的一些养分显然是不够支持这部原本不强健的躯体的。一病

> 倒，诸事搁浅；以吃药与静卧代替了写作与奔走。用不着着急生气呀，病魔是立意要折磨人的，并不怕我们向它恫吓与示威啊。病，客观地来说，会使人多一些养气的工夫。它用折磨，苦痛，挑动你，压迫你；你可千万别生气，别动肝火，那样一来，病便由小而大，由大而重，甚至带着你的生命凯歌而归。顶好，不抵抗，逆来顺受，使它无可如何。多咱它含羞而退，你便胜利了。就是这样，我总是慢慢地把病魔敷衍走；大半已是春天了。春残夏到，我便又下了乡，留着神，试着步，天天写一点点文章；闲来无事便哼一半首诗。

连旧诗都写不出来的冬天，才是最难熬的。

六

1940年以后，老舍经常到北碚去。后来，当妻子带着儿女从北平逃到重庆时，他们甚至在北碚定居了一段时间。

北碚是嘉陵江上的一个小镇子，离重庆有50多公里。它原是个很平常的小市镇，但因为卢作孚和卢子英刻意经营，变成了一个“试验区”。

许多学校和机关都迁到北碚，它因此又成了文化区。市面自然也就跟着繁荣起来，有旅舍、大饭馆、澡堂和金店银行，还有公园、体育场、戏馆、电灯和自来水。市外还有北温泉公园，可供游览和游泳；有山，山上住着太虚大师与法尊法师，他们在缙云寺中设立了汉藏理学院，教育年少的和尚。

1938—1939 年两年间，北碚遭到轰炸，炸毁许多房屋，死了不少的人。但是随炸随修，它的市容修缮得更整齐美丽了。具体而微，凡是大都市应有的东西，它也都有。水路和旱路直通重庆，百货可以源源而来。它的安静与清洁又远非重庆可比。它还有自己的小小的报纸呢。在老舍看来，北碚是个安家的好地方。

老朋友林语堂在北碚买了一所小洋房，后来他要去美国，就把房子交给老向和“文协”看管。因此，一来这里有许多朋友，二来又有住处，老舍就常常来。虽然他们都穷，但是轮流着每家吃一顿饭，还不至于教他们破产。

1943 年夏天，老舍又去了北碚，写长篇小说《火葬》。从这一年春天开始，空袭就很少了；即使偶尔有一次，北碚也有防空洞，不必像在重庆那样跑许多路。《火葬》不是部好小说，但它的写作过程算得上是呕心沥血。10 月 14 日，小说写到 8 万多字的时候，老舍盲肠发炎，只好住院，进行手术。还没出院，妻子带着儿女从北平逃到宝鸡的消息传来，老舍躺在床上，忧心如焚。幸好有朋友多方协助，她们才在 11 月中旬安全到达北碚。老舍出院以后，一边安置家属，一边开始补写小说。手术伤口刚刚平复，肠胃病又犯了，带病继续写，到 12 月 11 日终于写完，约 11 万字。老舍写这部小说是要告诉人们，在战争中敷衍与怯懦恰好是自取灭亡。

《火葬》不是好作品，老舍自己也是承认的。但是老舍对它有一种敝帚自珍的感情，除了因为创作过程的呕心沥血，还因为后来老舍发现，印在它上面的何止是他个人的贫病，还有整个战争状态下的中国：

> 像《火葬》这样的作品，要是搁在抗战前，我一定会请它到字纸篓中去的。现在，我没有那样的勇气。这部十万多字的小说，一共用了四个多月的光阴。光阴即便是白用，可是饭食并不白来，十行纸——连写抄副本——用了四刀，约计一百元。墨一锭，

一百二十元——有便宜一点的，但磨到底还是白的。笔每支只能写一万上下字，十支至少须用二百元。求人抄副本共用了一千一百元。请问：下了这么大的本钱，我敢轻于去丢掉吗？我知道它不好，可是没法子不厚颜去发表。我并没瞎碰，而是作家的生活碰倒了我！这一点声明，我并不为求人原谅我自己，而是为教大家注意一点作家的生活应当怎样改善。假若社会上还需要文艺，大家就须把文艺作家看成个也非吃饭喝茶不可的动物。抗战是艰苦的，文人比谁都晓得更清楚，但是在稿费比纸笔之费还要少的情形下，他们也只好去另找出路了。

的确，作家是要靠他们的作品说话的。但有的时候，我们没法不考虑，他们的作品是怎么被生产出来的。那个生产过程，有时候比作品本身显得更意味深长。

妻子儿女来到北碚以后，老舍的生活更丰富了一些，但经济上也更加困难了。胡絜青在编译馆找了个小事，每月拿一石平价米，老舍自己照常写作，好歹的对付着过日子。按说，为了家计，老舍应该去找点事做。但是，一个只在文字上讨生活的文人会做什么呢！

胡絜青给老舍说了北平的一桩桩一件件，说了一路南来的经历，老舍更产生了一个前所未有的冲动，写一部百万字篇幅的小说！1944 年 4 月 17 日，各方朋友云集给老舍开了一个“老舍先生创作生活廿年纪念会”。这更使老舍激动，决心把那想象中的鸿篇巨制变成现实。会议由邵力子、郭沫若、茅盾、姚篷子、阳翰笙、吴组缃、何容、曹靖华、宋之的、冯雪峰、臧克家、姚雪垠、赵清阁、富少舫等 29 位文化界知名人士发起，在重庆百龄餐厅举行，中外各方与会者 300 余人。会上，茅盾代表“文协”致辞，郭沫若、黄炎培、梅贻琦、邓初民、沈钧儒、董必武等相继发言，高度评价老舍的文学成就和在“文协”做出的贡献。各类相关诗文纷纷见报。郭沫若的诗这样写道：

我爱舒夫子，文章一代宗。
交游肝胆露，富贵牛马风。
脱俗非关隐，逃名岂畏穷！
国家恒至上，德业善持中。
寸楷含幽默，片言振聩聋。
……

说了老舍的文学成就达到了一代宗师的高度，又说了他真诚待人，无视功名富贵，又说了他品德高尚脱俗，文章幽默，见识过人……评价是如此之高，如此之准确，老舍不能不产生知己之感，从而对自己的写作事业喷发更高更大的热情。这是一种不朽的感觉。老舍像几乎所有中国文人一样，渴望并珍爱这种不朽的感觉。

七

在抗战烽火中，老舍尝试写作了八九个话剧剧本，虽然水平参差不齐，也没有取得类似后来的《龙须沟》《茶馆》那样的成就，但为抗战做出了重要贡献。我们有必要了解一下这些剧本的大概情况。

前面已经提到，老舍见猎心喜，第一次尝试写的话剧是《残雾》，只写了半个月。《残雾》演出之后，也不算失败，马宗融就将老舍视为剧作家了。马宗融希望老舍替“回教救国协会”写一个宣传剧剧本，老舍不敢答应。说来说去，情不可却，就和著名戏剧家宋之的合作写了《国家至上》。在宣传剧中，《国家至上》算是非常成功的，它有人物，有情节，有效果，又简单易演。

这出戏在重庆演过两次，在昆明、成都、大理、兰州、西安、桂林、香港都上演过。在重庆上演时，由著名演员张瑞芳担任女主角。回民朋友们看过戏之后，亲切地把她唤作“我们的张瑞芳”了。老舍到大理的时候，一位80多岁的回民老人一定要看看《国家至上》的作者，而且求老舍给他题字留作纪念。老舍说：“回汉一向隔膜，有了这么一出戏，就能发生这样的好感，谁说文艺不应当负起宣传的任务呢?”

张自忠将军殉国后，军界的朋友托老舍写一本《张自忠》传。老舍花了很大的力气，全体改了五次。之后，老舍又写了《面子问题》《大地龙蛇》《归去来兮》《谁先到了重庆》《王老虎》《桃李春风》等，其中《王老虎》和萧亦五、赵清阁合作，《桃李春风》和赵清阁合作，还得了奖。尤其值得注意的是，《谁先到了重庆》的故事和《四世同堂》有很多相关联的地方，老舍像是通过《谁先到了重庆》进行了一次热身写作。

最后，我们需要注意的一点是，老舍是个愈挫愈勇的话剧剧本作者。虽然上述剧本的成就都有限，但他并不气馁，而是汲取教训，总结经验，善于学习，后来终于成了大师级的剧作家。

第六章
回望北平

一

自从 1924 年夏末离开北平，到 1949 年年底重回北京定居，在这漫长的 20 多年中，老舍东奔西走，时而英国，时而济南，时而青岛，时而武汉，时而重庆，时而美国，偶尔回到北平，也像是做客一样。独在异乡为异客，每逢佳节倍思亲。20 多年来老舍都常年在他乡，他对北平的思念可想而知。虽然在他乡生活久了，对生活的地方也会有故乡般的感受，老舍自己就说济南是他的第二故乡，但到底还是他乡。老舍在伦敦时，因为寂寞无聊写小说，写记忆中的北平，在济南时，因为小说写得不够成功，又重新写记忆中的北平，在抗战烽火中，他心心念念，忘不了北平。就这样，北平成了老舍在他乡时永恒回望的土地。有的人甚至会说，北平是老舍小说真正的主人公。一个人和一座城在地理上的距离是如此变化多端，如此遥远，但他的文学和他的城市关系却又如此密切，所以，在介绍老舍的《四世同堂》之前，我们必须得了解一下那个始终在回望北平的老舍。

我们都会迫不及待地想起那篇著名散文，《想北平》。这篇文章是老舍 1936 年在齐鲁大学教书时写的，我们先来回顾一下老舍写了什么：

> 设若让我写一本小说，以北平做背景，我不至于害怕，因为我可以拣着我知道的写，而躲开我所不知道的。让我单摆浮搁地讲一套北平，我没办法。北平的地方那么大，事情那么多，我知道的真觉太少了，虽然我生在那里，一直到廿七岁才离开。以名胜说，我没到过陶然亭，这多可笑！以此类推，我所知道的那点只是“我的北平”，而我的北平大概等于牛的一毛。
>
> 可是，我真爱北平。这个爱几乎是要说而说不出的。我爱我的母亲。怎样爱？我说不出。在我想做一件事讨她老人家喜欢的时

候，我独自微微地笑着；在我想到她的健康而不放心的时候，我欲落泪。语言是不够表现我的心情的，只有独自微笑或落泪才足以把内心揭露在外面一些来。我之爱北平也近乎这个。夸奖这个古城的某一点是容易的，可是那就把北平看得太小了。我所爱的北平不是枝枝节节的一些什么，而是整个儿与我的心灵相黏合的一段历史，一大块地方，多少风景名胜，从雨后什刹海的蜻蜓一直到我梦里的玉泉山的塔影，都积凑到一块，每一小的事件中有个我，我的每一思念中有个北平，这只有说不出而已。

真愿成为诗人，把一切好听好看的字都浸在自己的心血里，像杜鹃似的啼出北平的俊伟。啊！我不是诗人！我将永远道不出我的爱，一种像由音乐与图画所引起的爱。这不但是辜负了北平，也对不住我自己，因为我的最初的知识与印象都得自北平，它是在我的血里，我的性格与脾气里有许多地方是这古城所赐给的。我不能爱上海与天津，因为我心中有个北平。可是我说不出来！

伦敦、巴黎、罗马与堪司坦丁堡，曾被

称为欧洲的四大“历史的都城”。我知道一些伦敦的情形；巴黎与罗马只是到过而已；堪司坦丁堡根本没有去过。就伦敦、巴黎、罗马来说，巴黎更近似北平——虽然“近似”两字要拉扯得很远——不过，假使让我“家住巴黎”，我一定会和没有家一样的感到寂苦。巴黎，据我看，还太热闹。自然，那里也有空旷静寂的地方，可是又未免太旷；不像北平那样既复杂又有个边际，使我能摸着——那长着红酸枣的老城墙！面向着积水滩，背后是城墙，坐在石上看水中的小蝌蚪或苇叶上的嫩蜻蜓，我可以快乐的坐一天，心中完全安适，无所求也无可怕，像小儿安睡在摇篮里。是的，北平也有热闹的地方，但是它和太极拳相似，动中有静。巴黎有许多地方使人疲乏，所以咖啡与酒是必要的，以便刺激；在北平，有温和的香片茶就够了。

论说巴黎的布置已比伦敦、罗马匀调得多了，可是比上北平还差点事儿。北平在人为之中显出自然，几乎是什么地方既不挤得慌，又不太僻静：最小的胡同里的房子也有院子与树；最空旷的地方也离买卖街与住宅区不远。这种分配法可以算——在我的经验中——天下第一了。北平的好处不在处处设备得完全，而在它处处有空儿，可以使人自由地喘气；不在有好些美丽的建筑，而在建筑的四围都有空闲的地方，使它们成为美景。每一个城楼，每一个牌楼，都可以从老远就看见。况且在街上还可以看见北山与西山呢！

好学的，爱古物的，人们自然喜欢北平，因为这里书多古物多。我不好学，也没钱买古物。对于物质上，我却喜爱北平的花多菜多果子多。花草是种费钱的玩意，可是此地的“草花儿”很便宜，而且家家有院子，可以花不多的钱而种一院子花，即使算不了什么，可是到底可爱呀。墙上的牵牛，墙根的靠山竹与草茉莉，是多么省钱省事而也足以招来蝴蝶呀！至于青菜、白菜、扁豆、毛豆角、黄瓜、菠菜等等，大多数是直接由城外担来而送到家门口的。雨后，韭菜叶上还往往带着雨时溅起的泥点。青菜摊上的红红绿绿几乎有诗似的美丽。果子有不少是由西山与北山来的，西山的沙果、海棠，

> 北山的黑枣、柿子，进了城还带着一层白霜儿呀！哼，美国的橘子包着纸；遇到北平的带霜儿的玉李，还不愧杀！
>
> 是的，北平是个都城，而能有好多自己产生的花、菜、水果，这就使人更接近了自然。从它里面说，它没有像伦敦的那些成天冒烟的工厂；从外面说，它紧连着园林，菜圃与农村。采菊东篱下，在这里，确是可以悠然见南山的；大概把“南”字变个“西”或“北”，也没有多少了不得的吧。像我这样一个贫寒的人，或者只有在北平能享受一点清福了。
>
> 好，不再说了吧；要落泪了，真想念北平呀！

先把老舍在文中的意思缕一缕。开始，老舍说的是北平很大，自己关于北平所知道的很少，其实不敢在文章中写北平的。对照文章题目《想北平》，老舍说的真实意思是，他所想的只是“我的北平”。“我的北平”是客观存在的北平的一个部分，但又不只是客观存在的，因为有“我”的记忆和想象在里面。接下来，老舍说他的爱北平，说不出为什么，就像爱母亲那样爱北平，有很深很深的理由，但是说不出来。不过，老舍接着又还是说了理由。什么理由呢？就像生命是由母亲所给你的，必然遗传母亲的性格一样，老舍觉得自己的血脉里也流动着北平，自己的性格和脾气都是北平赐予的。这等于是说，老舍对北平的爱是与生俱来的。那么，老舍能不想北平吗？后面再写到巴黎和伦敦什么的，表面上是在说，相比之下，北平是多么值得爱。其实呢，这不过是为找理由而找理由罢了，既然是与生俱来的爱，那就难免产生偏见，“情人眼里出西施”，怎么比都觉得北平好了。就像我们前面曾经提到过的那样，刚去伦敦的时候，老舍还觉得伦敦哪都比北平好，还怀念东方学院的图书馆呢。所以，不管有没有千般好万般好，老舍都要说北平好，他爱北平呀！再写到那好学的和爱古物的怎么爱北平，老舍的意思其实是想说，自己对北平的爱是没有任何功利性的目的的，就是单纯的爱而已。因此，文章最后表示“不再说了”，真爱北平啊，真想北平啊，没什么可说的。既然如此，当老舍在他乡，无论经历怎样的悲欢离合，他都会回望北平，在心里回望，在他的散文、诗歌和小说里回望，最终望出一座文学中的城市。

当然，有人也许会发问，老舍怎么不回北平？为了生计和生活，老舍不得不背井离乡。在抗战烽火中，面对沦陷于敌手的北平，老舍不得不流亡到祖国的西南。只有当一切都尘埃落定的时候，老舍才回到北平，不用再回望。

回望是痛苦的。现在，让我们读一读老舍在重庆写的《八方风雨》中的最后一部分文字吧：

> 抗战后，我由济南逃出来。北平又像庚子那年似的被鬼子占据了。可是母亲日夜惦念的幼子却跑西南来。母亲怎样想念我，我可以想象得到，可是我不能回去。每逢接到家信，我总不敢马上拆看，我怕，怕，怕，怕有那不祥的消息。人，即使活到八九十岁，有母亲便可以多少还有点孩子气。失了慈母便像花插在瓶子里，虽然还有色有香，却失去了根。有母亲的人，心里是安定的。我怕，怕，怕家信中带来不好的消息，告诉我已是失了根的花草。
>
> 去年一年，我在家信中找不到关于老母的起居情况。我疑虑，害怕。我想象得到，若有不幸，家中念我流亡孤苦，或不忍相告。母亲的生日是在九月，我在八月半写去

祝寿的信，算计着会在寿日之前到达。信中嘱咐千万把寿日的详情写来，使我不再疑虑。十二月二十六日，由文化劳军的大会上回来，我接到家信。我不敢拆读。就寝前，我拆开信，母亲已去世一年了！

几天，我不能工作。因为我要作写家，所以苦了老母，她可是永没有说过一句怨言。她不识字，每当我回家的时候，她可是总含笑地问："又写书哪？"这是最伟大的鼓励，她情愿受苦，决不拦阻儿子写书！

生命是母亲给我的。我之能长大成人，是母亲的血汗灌养的。我之所以能成为一个不十分坏的人，是母亲感化的。我的性格，习惯，是母亲传给的。她一世未曾享过一天福，临死还吃的是粗粮。唉！还说什么呢？心痛！心痛！

我到成都，见到齐大的老友们。他们说：齐大在济南的校舍已完全被敌人占据，大家的一切东西都被劫一空，连校园内的青草也被敌马啮光了。

好，除了我、妻、儿女，五条命以外，什么也没有了！而这五条命能否有足够维持

的衣食，不至于饿死，还不敢肯定地说。她们的命短呢，她们死；我该归阴呢，我死。反正不能因为穷困死亡而失了气节！因爱国，因爱气节，而稍微狠点心，恐怕是有可原谅的吧？

器物现金算得了什么呢？将来再买再挣就是了！哦，恐怕经了这次教训，就永不购置像样儿的东西，以免患得患失，也不会再攒钱，即使是子女的教育费。我想，在抗战胜利以后，有了钱便去旅行，多认识认识国内名山大川，或者比买了东西更有意义。至于书籍，虽然是最喜爱的东西，也不应再自己收藏，而是理应放在公众图书馆里的。

抗战胜利了，我进了一次城。按我的心意，“文协”既是抗敌协会，理当以抗战始，以胜利终。进城，我想结束结束会务，宣布解散。朋友们可是一致的不肯使它关门。他们都愿意把“抗敌”取消，成为永久的文艺协会。于是，大家开始筹备改组事宜，不久便得社会部的许可，发下许可证。

关于复员，我并不着急。一不营商，二不求官，我没有忙着走的必要。八年流浪，到处为家；反正到哪里，我也还是写作，干吗去挤车挤船的受罪呢？我很想念家乡，这是当然的。可是，我既没钱去买黑票，又没有衣锦还乡的光荣，那么就教北平先等一等我吧。

在战火中，在国破家亡的巨大悲剧中，老舍得到了母亲去世的消息，却回不了北平。后来战争结束了，抗战取得了胜利，老舍仍然回不了北平，“没钱”，“没有衣锦还乡的光荣”，老舍只能忍着巨大的伤痛回望他挚爱的北平。当然，在老舍忍痛回望的身影中，也有着非同寻常的坚守和意义，那就是他所坚守的作家的气节和爱国情操。他愿意心中永远烙印着疼痛，却永不抱怨这苦难而伟大的祖国。正是在这种令人敬畏的情怀中，有伟大的作品出世。

二

在对北平的回望中，1944 年春天来到了，老舍开始写一部百万字的长篇小说，两年写完。可是，比预想的艰难，头昏与疟疾时常来捣乱，到 1944 年底，他才写了 30 万字。当然，30 万字其实是个惊人的产量，只不过老舍自己不满意罢了。

那就给自己找些借口吧，比如北碚虽然比重

庆清静，可是夏天也一样的热。卧室兼客厅兼书房的屋子，三面受阳光的照射，到夜半热气还不肯散，墙上还可以烤面包。这种情况下肯定睡不好。睡眠不足，当然影响到头昏。屋中坐不住，只好到室外去，而室外的蚊子又大又多，扇不停挥，它们还会乘虚而入，把疟虫注射在人身上，就要发疟子。

而 1944 年又是战局最黑暗的时候。这使老舍忧虑，也不放心由桂林逃出来的朋友的安全。忧虑与关切也降低了他写作的效率。

借口归借口，老舍还是天天写，除了头昏不能起床。

1945 年，局势好转，但老舍的身体却更差了。再加上年初又一个女儿出生，老舍的睡眠更加不好，各种大大小小的疾病袭来，使他不得不经常放下笔。但是，到了年底，老舍还是完成了 30 多万字。老舍是真能写啊！不过，老舍自己却说："这简直不是写东西，而是玩命！"

人是暂时回不了北平的，这纸上的回归，玩命也得回去。可是，这前两年到底还算顺利，写完《四世同堂》三部曲的第二部了，可算是完成三分之二。老舍决定快马加鞭，在报上发表文章

《磕头了》，说自己正在赶一部长篇，朋友们不要再来约稿了。哪知人算不如天算，1946 年初老舍接到邀请，不得不和曹禺一道在 1946 年 3 月去美国讲学。只能去美国写了，直写到 1948 年下半年，才算写完。而且，这里面还有点小插曲，我们现在看到的《四世同堂》三部曲，共 100 段，近百万字，其中最后 13 段，是马小弥从英文翻译回来的。得亏老舍当时在美国写完《四世同堂》后就请美国人艾达·普鲁伊特全文缩译为英文在美国公开出版，否则又是一段《红楼梦》式的公案了。最近，又有一位赵武平先生，花了十多年的工夫，在美国遍访当年的知情人，在图书馆里救出了《四世同堂》没有公开出版的英文翻译，并且译回中文，刊发在《收获》杂志 2017 年第 1 期上，算是老舍的读者的又一桩盛事。

现在，让我们进入老舍在纸上回望北平的巨著《四世同堂》吧。老舍写的《骆驼祥子》，有人说，祥子从西山一带逃回海淀，路线就和现实中的北平城是一模一样的。到了《四世同堂》，老舍纸上回北平的功夫更是登峰造极，不但笔下大大小小 60多号人物一看都是北平街头的，就连地理环境、建筑细节和家居布置都是活灵活现的。在这

里，我们要专门引证一下关纪新的《老舍评传》：

> 有趣的是，据老舍夫人介绍，老舍“在动笔写这部小说之前，曾经描绘过一张各家各户的房屋居住图，某个人物住的是东房还是西房，什么门，什么窗，哪里有树，哪里有花，什么花，他都标注得一清二楚”。遂很容易让人想象，作家很可能曾经去过那个地方。果然，70 年代后期，老舍家属们找到了这个地方，它就是与《四世同堂》所描述的周边、内里环境几乎完全一致的北京市西城区小杨家胡同，原名小羊圈胡同；而且，作品里祁家所居小院，恰恰就是作家本人的出生地，和他童年、少年时代的居住地！老舍把他近 30 年来一直毫厘未能淡忘的故居，转让给了小说里的祁家，甚至于连祁家在西北郊外的坟茔地，都跟老舍自家的祖坟位置相当。[①]

把自己对于北平的记忆如此细致入微而又准确无误地写进小说中，可以想象，我们的老舍在写作《四

---

①关纪新：《老舍评传》，重庆：重庆出版社，2003 年，第 380 页。

世同堂》时，他是用了多少努力在回望北平；也可以想象，曾经生活的北平是如何深深烙印在他的脑海里。从《四世同堂》中选一段细节描写来看看吧：

> 祁家的房子坐落在西城护国寺附近的“小羊圈”。说不定，这个地方在当初或者真是个羊圈，因为它不像一般的北平的胡同那样直直的，或略微有一两个弯儿，而是颇像一个葫芦。通到西大街去的是葫芦的嘴和脖子，很细很长，而且很脏。葫芦的嘴是那么窄小，人们若不留心细找，或向邮差打听，便很容易忽略过去。进了葫芦脖子，看见了墙根堆着的垃圾，你才敢放胆往里面走，像哥伦布看到海上有漂浮着的东西才敢更向前进那样。走了几十步，忽然眼一明，你看见了葫芦的胸：一个东西有四十步，南北有三十步长的圆圈，中间有两棵大槐树，四围有六七家人家。再往前走，又是一个小巷——葫芦的腰。穿过“腰”，又是一块空地，比“胸”大着两三倍，这便是葫芦肚儿了。“胸”和“肚”大概就是羊圈吧？这还待历史家去考察一番，而后才能断定。
>
> 祁家的房便是在葫芦胸里。街门朝西，

斜对着一棵大槐树。在当初，祁老人选购房子的时候，房子的地位决定了他的去取。他爱这个地方。胡同口是那么狭窄不惹人注意，使他觉得安全；而葫芦胸里有六七家人家，又使他觉到温暖。门外呢，两株大槐下可供孩子们玩耍，既无车马，又有槐豆槐花与槐虫可以当作儿童的玩具。同时，地点虽是陋巷，而西通大街，背后是护国寺——每逢七八两日有庙会——买东西不算不方便。所以，他决定买下那所房。

房子的本身可不很高明。第一，它没有格局。院子是东西长而南北短的一个长条，所以南北房不能相对；假若相对起来，院子便被挤成一条缝，而颇像轮船上房舱中间的走道了。南房两间，因此，是紧靠着街门，而北房五间面对着南院墙。两间东房是院子的东尽头，东房北边有块小空地，是厕所。南院墙外是一家老香烛店的晒佛香的场院，有几株柳树。幸而有这几株树，否则祁家的南墙外便什么也没有，倒好像是火车站上的房子，出了门便是野地了。第二，房子盖得不甚结实。除了北房的木料还说得过去，其余的简直没有值得夸赞的地方。在祁老人手里，南房的山墙与东房的后墙便塌倒过两次以上，而界墙的——都是碎砖头砌的——坍倒是每年雨季所必不能免的。院中是一墁土地，没有甬路；每逢雨季，院中的存水就能有一尺多深，出入都须打赤脚。

祁老人可是十分喜爱这所房。主要的原因是，这是他自己置买的产业，不论格局与建筑怎样不好，也值得自傲。其次，自从他有了这所房，他的人口便有增无减，到今天已是四世同堂！这里的风水一定是很好！在长孙瑞宣结婚的时候，全部房屋都彻底翻盖了一次。这次是祁天佑出的力——他想把父亲置买的产业变成一座足以传世的堡垒，好上足以对得起老人，下对得起儿孙。木料糟了的一概撤换，碎砖都换上整砖，而且见木头的地方全上了油漆。经这一修改，这所房子虽然在格局上仍然有欠体面，可是在实质上却成了小羊圈数一数二的好房子。祁老人看着新房，满意地叹了口气。到他做过六十整寿，决定退休以后，他的劳作便都放在美化这所院子上。在南墙根，他逐渐地给种上秋海棠、玉簪花、绣球和虎耳草。院中间，他养着四大盆石榴，两盆夹竹桃，和许多不须费力而能开花的小植物。在南房前面，他还种了两株枣树，一株结的是大白枣，一株结的是甜酸的“莲蓬子儿”。

看着自己的房，自己的儿孙，和手植的花草，祁老人觉得自己的一世劳碌并没有虚掷。北平城是不朽之城，他的房子也是永世不朽的房子。

现在，天佑老夫妇带着小顺儿住南屋。五间北房呢，中间做客厅，客厅里东西各有一个小门，通到瑞宣与瑞丰的卧室，尽东头的和尽西头的一间，都另开屋门，东头是瑞全的，西头是祁老太爷的卧室。东屋做厨房，并堆存粮米，煤球，柴火，冬天也收藏石榴树和夹竹桃什么的。当初，在他买过这所房子来的时候，他须把东屋和南屋都租出去，才能显着院内不太空虚；今天，他自己的儿孙都快住不下了。屋子都住满了自家的人，老者的心里也就充满了欢喜。他像一株老树，在院里生满了枝条，每一条枝上的花叶都是由他生出去的！

这里关于祁家房子的描写是极其精细的。当然，虚构也不是不能做到这么精细，问题是老舍仅仅虚构了人，或者把舒家人换成了祁家人罢了。

当然，关于《四世同堂》，我们还有很多可说的东西。比如说，我们前面曾经提到过，老舍23岁以后加入了基督教，基督教对他一生有非常重要的影响。这在《四世同堂》里也是有非常深刻的表现的。老舍之所以把这部小说分成《偷生》《惶惑》《饥荒》三部曲，其实是有向伟大的宗教文学家但丁的《神曲》致敬的意思的。《神曲》也是三部曲，即《地狱篇》《炼狱篇》和《天堂篇》，讲了诗人从痛苦的地狱走向救赎和光明的过程。《四世同堂》也讲了北平沦陷时北平人民所经历的地狱般的痛苦、炼狱般的煎熬、救赎以及最终光明的来临。而熟悉了老舍从1937年11月18日以来流亡祖国西南的经历，我们也不由得发生联想，小说中主要人物祁瑞宣，在很大程度上投射了老舍自己无法顾及家人、只身南下的痛苦。祁瑞宣面对一家四代人，狠不下心离开沦陷的北平，内心非常痛苦，和狠心离开家人的老舍就像一个硬币的两面，完全是相通的。

第七章
美国之行

一

1946年3月4日，老舍从上海启程，前往美国。和20多年前前往英国不同，这回老舍受美国国务院邀请去美国讲学，已是功成名就的大作家，还有大戏剧家曹禺做伴，一路上并不孤单。老舍也抱定了此行的宗旨：“我们必须要使美国朋友们能够真正了解我们的老百姓，了解我们的文化。”和现在一样，美国人并不太了解我们普通的中国老百姓和我们的文化，不像我们中国人，到处都是美国通。老舍希望中国人能够得到真正的了解。

3月20日，老舍和曹禺到达了美国当时的四大城市之一西雅图，之后陆续前往芝加哥、华盛顿和纽约。20多岁去英国，回来以后，老舍写了很多带有游记性质的文字。这回年近50岁去美国，生活的时间也不短，到1949年底才回来，他却几乎没有留下任何游记性质的文字，甚至连谈论美国的文字都不多。这种不同的背后有很多原因，我们比较关心的是，这是不同年纪的老舍。真的，人在不同年纪时，对生活和世界的感受往往是不一样的，有时候你甚至会以为，那是两个人。我们现在很难像当初跟随老舍的目光去看伦敦那样，再来沿着他的目光看他所走过的美国城市了。当然，在写给朋友的书信中，也会有几句简单的话涉及，例如1948年2月4日写给高克毅的信中，老舍说："纽约多雪，一冬极寒，今晨又正落雪！"总之，老舍对美国的自然环境似乎不敏感，即使有也带着一些抱怨的气味。他对美国的生活也大概不会有太多好感，但1947年曹禺回国的时候，他居然没有一道回去，也是很耐人寻味的。我们当然知道老舍在美国做了很多事情：讲演，写《四世同堂》第三部和《鼓书艺人》，协助翻译《离婚》《四世同堂》《鼓书艺人》等小说，哪一件都不简单，费时费事。可是，怎么就能待下去呢？也许他是真的希望改变美国人

对中国人的看法，所以乐而忘忧吧。

那么，我们就来看看老舍的美国之行做了什么吧。至于他对美国有什么观感，我们就只说下面一点：和他的有些同时代人一样，老舍对美国的社会制度和美国政府都不太瞧得上，但认为美国人民是好的，善良，热情。可真要说到一个具体的美国人，老舍恐怕是又爱又恨的。这个人就是《骆驼祥子》的美国译者伊凡·金。老舍之所以在美国有名声，伊凡·金的翻译起了决定性的作用。在老舍去美国之前，《骆驼祥子》就翻译出来了，而且成为畅销书。但老舍到了美国之后发现，英文版的《骆驼祥子》结局改了，是个大团圆结局，不再是个悲剧了，这让一向很爱惜自己作品的老舍很生气。这时伊凡·金又在翻译老舍的《离婚》，希望老舍同意，老舍看了部分译稿，发现又改了很多地方，就不同意。但伊凡·金认为自己之所以要改老舍的作品，是为了把它们改得更好。经过几回交涉，老舍就把伊凡·金告到了法院。这事情真是弄得一地鸡毛，老舍很不开心，因此也就对美国人翻译自己作品的事情更加谨慎，后来不仅指定译者，而且始终跟进具体的翻译过程。事情既然是这样，老舍对美国人也难免会有很多想法。

首先要介绍的是他的演讲和文章。1946 年 6 月 24 日，老舍在美国科罗拉多州做了题为《中国作家之路》的讲演。他谈道：“中国人已放弃为艺术而艺术之观念。”“形式之美丽与完善，对于吾人，远不及民族与社会福利之重要，吾人若能凭借吾人之写作，为邻人扑灭火灾，则吾人将较之获得诺贝尔奖奖金，更觉满足。”

一个月后，老舍用英文写成《现代中国小说》一文，发表在留美中国学生战时学术计划委员会的刊物上。在文章的最后一部分，老舍谈道：“抗日战争改变了中国作家和大众的关系，即作家们开始深入群众，向老百姓学习，认识到群众身上的‘正直、刻苦、耐劳、仁慈的美德’。”这种到人民中去的做法，是一种获得写作源泉的好办法。

老舍之所以要这样给美国人讲中国现代作家和小说，是因为他到美国之后发现《骆驼祥子》主人公祥子的宣传画竟然是脑后一根长长的辫子的形象。他实在难以想象，在 1946 年，一般美国社会对中国人的印象竟然还是这样。这可是半个世纪的时差！当然，老舍后来也知道，要改变美国人，谈何容易？不要说老舍生活的那个年代，即使是现在，我们不也是还能在美国人拍的电影中看到现代中国人拖着长辫子吗？偏见总是存在，并且难以改变的。

我们前面已经提到，《四世同堂》第三部和《鼓书艺人》都是在美国写的。不过这是在老舍忙完了各种各样事务性工作和应酬之后，才开始的。这种事务性工作和应酬包括和曹禺一起到处参观，去见旅美的中国电影演员王莹，在王莹安排下与美国著名女作家赛珍珠座谈，拜访旅美的德国戏剧家布莱希特，还包括去百老汇看戏看电影，等等。总的印象不太好，老舍感觉美国商业化太厉害，搞文化就像做生意。后来应邀在纽约附近的“雅斗文艺创作中心”住的时候，情绪还比较好。关于这段时间，我们看看老舍自己是怎么描写的吧：

> 1946年9月里，我在雅斗。雅斗是美国纽约省的一所大花园，有一万多亩地。园内有松林、小湖、玫瑰圃、楼馆，与散在松荫下的单间书房。此园原为私产。园主是财主，而喜艺术。他死后，继承人们组织了委员会，把园子作为招待艺术家创作的地方。这是由1926年开始的，到现在已招待过500多

位艺术家。招待期间，客人食宿由园中供给。

园林极美，地方幽静。这的确是安心创作的好地点。当我被约去住一个月的时候，史沫特莱正在那里撰写朱德总司令传。

客人们吃过早饭，即到林荫中的小书房去工作。游园的人们不得到书房附近来，客人们也不得凑到一处聊天。下午4点，工作停止，客人们才到一处，或打球，或散步，或划船。晚饭后，大家在一处或闲谈，或下棋，或跳舞，或喝一点酒。这样，一个月里，我差不多都能见到史沫特莱。

有一次，我们到市里去吃饭（雅斗园距市里有两英里，可以慢慢走去），看见邻桌坐着一男一女两位黑人。坐了20分钟，没有人招呼他们。女的极感不安，想要走出去，男的不肯。史沫特莱过去把他们让到我们桌上来，同时叫过跑堂的质问为什么不伺候黑人。那天，有某进步的工会正在市里开年会，她准备好，假若跑堂的出口不逊，她会马上去找开会的工人代表们，来兴师问罪。幸而，跑堂的见她声色俱厉，在她面前低了头；否则，那天会出些事故的。

在雅斗的时候，我跟她谈到那时候国内文艺作家的贫困。她马上教我起草一封信，由她打出多少份，由她寄给美国的前进作家们。结果，我收到了大家的献金1400多元，存入银行。我没法子汇寄美金，又由她写信给一位住在上海的友人，教她把美金交给那时候的“文协”负责人。她的热心、肯受累、肯负责，令人感动、感激。

尽管也见到黑人遭受种族歧视那样的事件，但总体上来说，老舍的心情还是好的，对史沫特莱也非常有好感。不过据老舍自己描述，大部分时候他都是在身体和情绪不太好的状态下进行小说写作的：

在此一年半了。去年同曹禺到各处跑跑，开开眼界。今年，剩下我一个人，打不起精神再去乱跑，于是就闷坐斗室，天天多吧少吧写一点——《四世同堂》的第三部。洋饭吃不惯，每日三餐只当作吃药似的去吞咽。住处难找，而且我又不肯多出租钱，于是又住在大杂院里——不，似应说大杂“楼”里。不过，一想起抗战中所受的苦处，一想起国内友人们现在的窘迫，也就不肯再呼冤；有张床能睡觉，还不好吗？最坏的是心情。假如我是个翩翩少年，而且袋中有冤孽钱，我大可去天天吃点喝点好的，而后汽车兜风，舞场扭腚，乐不思蜀。但是，我是我，我讨厌广播的嘈杂，大腿戏的恶劣，与霓虹灯爵士乐的刺目灼耳。没有享受，没有朋友闲谈，没有茶喝。于是也就没有诗兴与文思。写了半年多，“四世”的三部只成了十万字！这是地道受洋罪！

我的肚子还时时跟我捣乱，懒得去诊治，在这里，去见个医生比见希特勒还难。哦，原谅我，我以为那个恶魔还活着呢！痔疮也不减轻，虽然天天坐洋椅子！头还是常常发昏。谁管它呢，这年月，活着死去好像都没有多少区别。假若一旦死去，胃，头，痔不就一下子都好了吗？

百老汇的戏，有时候有一两出好的，看看还过瘾。至于电影，纽约所有的好片子，全是英国的，法国的，与意大利的。好莱坞是有人才，而不做好片子，连我都替他们着急。最近纽约一城，即有四五部英国片子，都是连映好几个星期！

老舍这段话里说的“今年”指 1948 年，那时候曹禺早就回国了，他还在纽约。孤家寡人留在纽约，身体和心情又都不好，还要写小说，老舍的精神和劲头确实令人佩服。当然，有的人会说，老舍这会儿还留在美国，是因为国内正在进行战争，形势很乱，回去之后必然无法写作。而且，回去之后又能怎样，济南没有家，北平也没有家了，也还是得回到重庆北碚，那地方老舍可不愿回去了。但是，看看这段话里的情绪，他对美国有那么多的意见，肯定不会长待下去了。

不管过程怎样艰难，《四世同堂》第三部写完了，《鼓书艺人》也基本上完成了。这作家确实是个有韧劲的。

然后要介绍的是翻译了。虽然有些不开心的地方，像我们前面说到过的，竟然要到法院打官司了，但总体上来说还是顺利的。在赛珍珠介绍下，美国出版人大卫·劳埃得成为老舍的版权代理人。在美国，他是与老舍联系密切的人，直到老舍回国，他们仍有频繁的书信往来和版税汇寄，一直持续到 1952 年。

曹禺走后，老舍在纽约 24 大道 83 西街 118 号租了两间公寓房，一边埋头苦写，一边关注着国内局势，过着既紧张又十分孤单的生活。应美国出版家之请，他协助艾达·普鲁伊特将《四世同堂》译成英文。出于商业考虑，美国出版商要求不出全本而是出缩译本，取名为《黄色风暴》。老舍特地请国内合作伙伴赵家璧先生，用航空快件将《四世同堂》的前两部邮寄到纽约。后来，老舍又和郭镜秋合作将《鼓书艺人》翻译成英文，1952年由纽约的哈各脱·勃莱斯出版公司出版。这本书在美国获得了很高的评价，《旧金山新闻》上的一篇书评将老舍与托尔斯泰相提并论："老舍的成就，也许已达到像托尔斯泰那样伟大小说家的地位。在今天还健在的小说家中，在托尔斯泰那样的传统方面，老舍已远远地超过他们，正像托尔斯泰是永生的那样，几个世纪后，老舍的作品也会传颂于世。"

二

1948年，当《四世同堂》第三部快要写完时，老舍就打算回国，但因为翻译工作，归期一再延迟。1949年，老舍回国的心思愈发强烈了。他的合作翻译者普鲁伊特，后来写信给费正清的夫人，谈起老舍当时的情况："他曾非常苦恼，

因为我翻译得‘太慢’。他想回家，回到中国去，他为此而焦急。”老舍不得不加快他的翻译工作，白天和郭镜秋在一起翻译《鼓书艺人》，晚上 7 点到 10 点则和普鲁伊特翻译《四世同堂》。但他的身体又出了问题，坐骨神经痛发作，1949 年 4 月住进医院做了手术。

出院后不久，就在这一年的 6 月，老舍邀请石垣绫子夫妇来寓所吃饭。当时，老舍借住在纽约 126 街区，一个贫民区，房间的墙上挂着郭沫若手书殷墟文字的匾额。石垣夫妇进门时，便听见厨房里传来阵阵剁菜的声音，老舍正系着围裙下厨，他从唐人街买来了烧鸭、叉烧、蔬菜和豆腐。石垣绫子后来写道：“更令我们惊奇的是，这一天老舍实在精神特别好。初次见面时那种郁闷的神情烟消云散。他只穿了一件衬衣，两腮红鼓鼓的，声音也带着点劲儿。”

老舍对她说：“中国共产党完全可以掌握好、治理好全中国。……我仍是中国的作家，光在美国写不出什么东西的。不和中国民众共同生活，耳畔消失了华语的乡音，那么我写不出真正的文学作品。”他最后说，“中国已经有希望了。我要尽快回到中国去。”

1949 年 7 月，中华人民共和国成立在即。在郭沫若提议下，中华全国第一次文艺工作者代表大会在北京召开。在这次大会上，周恩来提出邀请老舍回国。根据他的意见，由郭沫若、茅盾、周扬、丁玲、阳翰笙、曹禺、田汉、冯雪峰等 30 多人写了一封邀请信，经过特殊渠道传递到老舍手中。老舍最终定下来在 1949 年 10 月，由旧金山乘船回国。在回国前，他还专门去拜访了费正清。费正清劝老舍再等一等，看一看。但老舍说："不能等了，我必须立即回去!"可以想见，在 1949 年的夏秋之际，老舍内心是多么澎湃。

10 月 13 日，老舍终于登上了"威尔逊总统号"轮船，转道香港回国。这一年他已经 50 岁了。

在船上，老舍见到 22 个回国的留学生，他们每天都在讨论如何报效祖国，也见到一些回国的人终日在打麻将，见到他很瞧不上的菲律宾商人。

路过香港，在那里等船票，停留了 24 天。在这 24 天里，老舍看见了天津帮、山东帮、广东帮的商人们，在抢购抢卖抢运各色的货物。室内室外，大街上，入耳的语言都是生意经。一位美国商人告诉老舍："我并不愁暂时没有生意；可虑的倒是将来中外贸易的路线！假若路线是‘北’路，我可就真完了！”

老舍看见了到广州去慰劳解放军的青年男女们。他们告诉老舍：“我们的确有纪律，有本事，有新的气象！我们还想再去！”

后来，终于有了船票，一路在风浪中颠簸，12 月 9 日早晨，船到了天津的大沽口。海河中有许多冰块，空中落着雪。离开华北已 14 年，忽然看到冰雪与河岸上的黄土地，老舍的眼泪直在眼眶里打转转。

因为潮水不够，行了一程，船便停在河中，直到下午 1 点才又开动，到天津码头已是掌灯的时候了。

税关上的人们来了。一点也不像菲律宾和香港的税吏们，他们连船上的一碗茶也不肯喝。

检查行李是在大仓房里，因为满地积雪，不便露天行事。行李一行行的摆齐，丝毫不乱，税务人员依次检查。检查得极认真。换钱——旅客带着的外钞必须在此换兑人民币——也是依次而进，秩序井然。老舍感慨道：“谁说中国人不会守秩序！有了新社会，才会有新社会的秩序呀！”

检查完，交际员们替老舍招呼脚行，搬运行

李，一同到交际处的招待所去。到那里，已是夜间十点半钟；可是，滚热的菜饭还等着他呢。

没能细看天津，一来是老舍腿不能走，二来是他也急于上北京。

但是，在短短的两天里，老舍已感觉到天津已非旧时的天津；因为中国已非旧时的中国。

三

《四世同堂》前面已经介绍过，这里不再多说，虽然那是一部值得多说的作品。这里要多介绍一下的是《鼓书艺人》这部长篇小说，虽然算不上老舍的名作，也不是代表作，但对于理解老舍和时代变迁的关系，却是非常重要的。

小说主人公方宝庆和养女方秀莲，两个唱鼓书的下层老百姓。除了一方是鼓书艺人，一方是洋车夫，方宝庆他们和祥子是差不多的，都健康善良，有本事，但最后都被生活和社会逼上了绝路。不同的是，祥子真的成了末路鬼，而方宝庆他们则走上反抗的道路。这背后反映了作家思想的变化以及对时代的乐观判断，他觉得中国有了一个看得见的光明的未来。老舍在《鼓书艺人》中写道：

沉默了好一会儿，宝庆问："您以为，要是秀莲在那个学校里上了学，就不会惹出麻烦来了吗？大谈恋爱自由的年轻人，就不会出娄子吗？"

"任何时代，任何地方都会发生恋爱悲剧，"孟良说，"不光秀莲如此。有了知识和经验，对她会有些帮助，但是不能保证一定不发生悲剧。您不要以为秀莲生了个孩子，就一切都完了，她这次恋爱的本身，也是一次经验教训。吃了苦头，她的思想会成长起来。失了身，并不等于她就不能再进步。您只要好好开导她，鼓励她，她会重新获得自信和自尊心的。"孟良盯着看宝庆，仿佛怕宝庆不相信他说的话。他解开衬衫，露出一道道伤疤，"我坐牢的时候，他们就这么对待我，这是拿香烧的。"

宝庆大吃一惊。孟良接着往下说："伤疤都已经长好了，我还是我。我还是要写书，想说什么说什么。这些伤疤不丢人，我并没有因为一时受苦，就向恶势力投降。他们一天不把我抓起来，我就要继续工作下去。只要能迎来人民的解放，哪怕是把我的骨头磨碎，拿去肥田，我也不怕。在某种意义上说来，秀莲受到的伤害，和我受的相仿佛。我说出了真理，所以坐了牢。我写出了我所信仰的东西，所以受折磨。秀莲想要按照她自己的欲望去重新安排生活，结果呢，也受到了惩罚。新时代会来到的，不过，在新时代来到之前，很多人会牺牲。”

孟良住了嘴，歇口气。宝庆抬起手来，想摸摸他胸膛上的伤痕。可是孟良很快把衬衫扣上了。“我没什么，”孟良说，“秀莲受到了惩罚，您不光要可怜她，您得想法了解她。她很聪明，有进取心。您要是能明白，她不过是时代的牺牲品，就可以鼓励她，教育她，使她对未来重新产生希望。不要害怕张文。他和他那一类人，终归是会被消灭的。他和秀莲的结合，是两种不同势力之间的冲突。您看！”他指着江水，“那个旋涡里有一条鱼，一只耗子在打转。耗子很快就会死，鱼却会游出旋涡，活下去。当然，那只耗子也有可能蹦出来。要是张文和他那一类人继续存在下去，我们的国家就完了。只要中国有了希望，秀莲今后还会得到幸福。她

要得到幸福，也许不是件容易的事情，不过您和我一定要好好为她打算打算，引她走上幸福的道路。”

落日在江面洒上了一道金色的余晖，把一个小小的旋涡，给照得亮堂堂的。宝庆仿佛在那里面看见了秀莲微笑着的脸儿，水草在她脸的周围荡漾，像是她的两条小辫子。他哼起了鼓词儿上的两句话：长江后浪推前浪，一代新人换旧人。

在这个旋涡、鱼和老鼠的比喻里，我们看到，时代的变化就像大的旋涡，它把不同的人都卷了进来，有的是阻挡时代变化的老鼠，一定会被时代抛弃，有的是顺应时代变化的鱼，一定能存活下来，走向美好的明天。而老舍自己呢，就是一条旋涡里的鱼，他决心为了迎接新时代的到来，即使牺牲了自己也无所畏惧！

第八章
人民至上

一

回到北京以后，老舍看到，十几年过去了，三个姐姐和一个哥哥还都住在北京，自己的妻子和四个儿女也很快从重庆回到北京，一家人重聚，自是十分欢喜。老舍忙着买房子，安顿家人，也忙着思考和阅读，参加各种政治和社会活动，重新理解中国这片土地。大哥两年前差点饿死，现在恢复了健康，几个侄子侄女也全都有了工作。他们非常喜欢现在的新政府。

老舍也得到极大的尊敬，1949 年 12 月 13 日，他回到北京的第二天，政务院总理周恩来就接见了他。这是一个积极的信息，新政府欢迎他，需要他。老舍感触良多。1950 年 2 月，他被

增补为中华全国文学艺术联合会的全国委员会委员。

这以后，老舍买下东城区迺兹府街丰盛胡同10号（现灯市西街丰富胡同19号）的一处小套院，一住就是16年。刚搬来的时候，他和妻子在院子里种了两棵柿子树，后来成熟结果了，他们就把这个院子叫作“丹柿小院”。

除了参加社会活动，老舍还读《毛泽东选集》，读的第一篇文章是《在延安文艺座谈会上的讲话》。读完之后，老舍又是欢喜，又是手足无措。以前不知道文学艺术是为谁服务的和怎样去服务的，现在知道就是为工农兵服务。可是自己从来没有这么想过，20多年来写的东西始终是在小资产阶级的圈子里转，怎么办？自己算个哪门子的作家？

又说文艺要服从于政治。老舍关心政治，但从来没想过要服从政治，不懂如何服从政治。他常常觉得自己可以不吸收任何新思想，还是照旧可以写东西。他的生活方式呢，似乎也恰好是一个文人所应有的，不必改变。作品不管有无内容，反正写得光滑通顺，也就过得去了。20多年来，老舍一直觉得，文艺不但可以和政治分家，也应当分家，分了家日子好过！但现在看了《在延安文艺座谈会上的讲话》，完全是另外一套道理。

怎么办呢？老舍要怎么办呢？

老舍决定：“我要听毛主席的话，跟着毛主席走！听从毛主席的话是光荣的！假若我不求进步，还以老作家自居，连毛主席的话也不肯听，就是自暴自弃！我要在毛主席的指示里，找到自己的新文艺生命。”

20 多年来走的是另外一条路，现在又刚刚从美国回来，对新社会新事物不了解，当然不能动手写小说或剧本。那就忘掉自己是功成名就的大作家，当个小学生，从头学起吧。这样，老舍觉得自己可以先写通俗文艺，比如快板儿和相声，篇幅都可以不求很长，比较容易学。虽然如此，从前写一篇一百句左右的鼓词，大概有两三天就可以交卷，现在却要花七八天的工夫，写了再写，改了再改，着实不容易。在文字上，要尽力控制，既不要浮词滥调，又要把新的思想用通俗语言明确的传达出来。在思想上，困难就更多了。当决定写某件事物的时候，对那件事物必定已有一定程度的了解。可是，赶到一动笔，那点

了解还是不够用。老舍的了解只是大致不差，于是字里行间就不能不显出只知其一不知其二的贫乏与毛病。有时候，正笔写得不错，而副笔违反了政策。有时候，思想写对了，可是文字贫弱无力，没有感情——只把政治思想翻译一下，而没有对政治思想所应有的热情，就一定不会有感动的力量。

但是，老舍就是老舍，那股韧劲永远都在，他决定迎难而上：第一不要急躁，第二不要怕求别人。既然决定听从毛主席的指示，思想改造必须彻底，也就必是长时间的事，就不能急躁。以前，可以凭“灵感”，信笔一挥，只求自己快意一时，对读者却不负责任。现在，要对政治思想负责，对读者负责，急于成功就只有失望，最终不得不放弃。

当然，老舍不是一味闷在家里想的人，他经常请教别人。当他们给老舍提出意见的时候，往往不但指出作品上的错处，而且也讲到思想上的毛病。虽然从书本上学来的新思想已经不少，但老舍从不断地修改和请教中获得更多，逐渐明白了应当怎样把政治思想放在第一位。

老舍想，要是腿脚不那么不灵便，就可以马

上到工厂、农村或部队里去体验生活，就能更快地掌握新社会通俗文艺的写作，更好地向工农兵学习，更好地为人民服务。虽然一时做不到，但老舍放下了老作家的包袱，不怕辛苦，乐于接受批评，就像那旋涡里的鱼，很快顺应了时代变化。老舍说："是的，我必须再说一遍，我缺乏有系统的学习政治理论与文艺理论。可是，赶到因为写作的需要，看到了新社会的新气象新事物，我就不能不动心了。我要歌颂这新社会的新事物，我有了向来没有的爱社会国家的热情。自然，有人说我这样先看见，后歌颂，是被动的，不会写出有很高思想性与创造性的作品来。可是，我是由旧社会过来的人，假若我自诩能够一下子就变成今天的思想家，就是自欺欺人。我只能热情地去认识新社会，认识多少，就歌颂多少；我不应该因我的声音微弱而放弃歌颂。写不了大部头的小说，我就用几十句快板儿去歌颂。以我的小小的才力，我不该幻想一写就写出一鸣惊人的作品来；若因不能一鸣惊人，就连快板儿也不写，我便完全丧失了文艺生命，变成废物。我不再想用作品证明我是个了不起的文人，我要证明我是新文艺部队里的一名小兵，虽腿脚不利落，也还咬

着牙随着大家往前跑。”

因为如此的积极和自觉，老舍很快就开始写剧本了。他回国后写的第一个剧本是《方珍珠》，第二个剧本就是为他赢来“人民艺术家”盛誉的《龙须沟》。

二

1950 年 5 月，北京市文学艺术工作者联合会成立，老舍当选为主席。年初他还被推选为北京市人民政府委员。在写给朋友的信中，老舍说：“作为北京文联的主席，我要干的事太多，简直找不出时间来处理我自己的私事。北京现有二百万人口。有许多艺术家住在这里，我必须努力帮助他们。”后来，老舍的头衔越来越多，事情自然也就多，老舍忙得不亦乐乎。

老舍除了自己写剧本，还要编《北京文艺》《说说唱唱》，有时还要随团去朝鲜、苏联、日本……访问，国内也是山南海北地跑。

1953 年 10 月，老舍和梅兰芳随同中国人民第三届赴朝慰问团一起到朝鲜。老舍在志愿军某军住了 5 个多月，访问了不少英雄，阅读了不少有关的文件。回国后写了一部小说《无名高地有了名》。

1960年，根据义和拳故事，老舍写了个剧本叫《神拳》。1965年去日本访问，他和一位叫城山三郎的日本作家，不知怎么就谈到了武术，谈得非常投机。城山三郎无论如何也不相信他眼前这个拄着手杖的老者还精通拳术，一定要和老舍比试比试。老舍架不住城山三郎一再请求。最后讲好只比手劲，免得失手伤了对方。两人推掌，老舍猛一发力，推了城山三郎一个趔趄。城山三郎大叫："真有功夫啊！"当时在日本文学界传为美谈，但老舍从未对人讲起过这件事。老舍去世之后，城山三郎写了一篇悼念老舍的文章，其中还提到了这场别开生面的文人比武。

1957年5月19日，老舍生平第一次到新疆，去祝贺新疆作家协会分会的成立。回到北京之后，他写了封公开信《新疆半月记》，留下了当时的观感。我们且摘一段来看看：

在乌鲁木齐而外，我只看见了石河子。好，就以石河子来说，难道不是一个奇迹吗？原来的石河子只有几间卖茶水的小屋，立在乌鲁木齐—伊犁的大道道旁，等待着行人在此休息、打尖、饮马。此外，便什么也

没有了。今天呢，这里建起了一座新的城，有银行、邮局、百货店、食堂、电影院、学校、医院、榨油厂、拖拉机修配厂和体面而舒适的招待所。城外，原来只有苇塘万顷，今天变成了产小麦与棉花的广阔绿洲。看，天山在南，沙漠在北，中间是一望无际的绿油油的麦田与棉田。每一块田的四周都整整齐齐地种上了防风矮树，树荫下便是灌田的水渠。这是几年来，四个师（现编为两师）的战士的创造，完全从无到有，把荒原变成沃野。据说，在刚一动手开荒的时候，战士们都须用泥把脸与身上涂严，否则牛虻和蚊子会把他们咬坏。那时候，连首长也得住地窝子——地下挖个洞，上面盖些苇棍儿。那时候，狼与野兽白天也会向他们袭击。英雄的本质便是不向困难低头，他们不但开了地，而且盖起来宿舍、学校与医院等等。他们没有工程师，但是房子盖得不但质量好，而且朴雅可爱。他们会自己烧砖，也会自己安电灯。他们有手，有脑，有决心，他们就创造了一切，给世界地图上添了一座新城，一座从来没有过人剥削人的新城。在参观医院的时候，我听到刚生下来的娃娃的啼声。幸福的娃娃们，生在一个万事全新的城市里！

在这个垦区里原有些兄弟民族的农户，散居各处。他们热情地和垦荒部队合作，迁到几处，聚族而居。这样就有了办农业合作社的条件，也就马上利用了这个条件，组织起来。从公路上，我看到了一两处新村：房子，学校，全是新的。当然，他们的生活方式与社会制度也都是新的。

军垦区之外，还有多少多少建设值得写啊！我和石油管理局野战队的青年男女座谈了一次，他们赠给我一小玻璃管克拉玛依的原油，还有几小块云母与玛瑙。他们拾到了这些宝物，也收集了最宝贵的人生经验。他们不但认识了新疆的山河与宝藏，也认识了他们自己，建设社会主义的青年勇士！沙漠上的狂风，天山上的积雪，都使他们有时痛苦，又有时狂喜。痛苦啊，狂喜啊，有青年的地方就是有诗料的地方！

老舍真是愿意随处发现他身在其中的新时代新社会的一切好处。

1961年夏天，老舍去了内蒙古，也留下一段有趣的文字：

这回，有机会看到大兴安岭，并且进到原始森林里边去。目之所及，哪里都是绿的。的确是林海。群岭起伏是林海的波浪。多少种绿颜色呀：深的，浅的，明的，暗的，绿得难以形容，绿得无以名之。谁进入岭中，看到那数不尽的青松白桦，能够不马上向四面八方望一望呢？有多少省份用过这里的木材呀！它的美丽与建设结为一体，不仅使我们拍掌称奇，而且叫心中感到温暖，因而亲切、舒服。

我看到了草原。那里的天比别处的天更可爱，空气是那么清鲜，天空是那么明朗，使我总想高歌一曲，表示我的愉快。在天底下，一碧千里，而并不茫茫。人畜两旺，这是个翡翠的世界。连江南也未必有这样的景色啊！

达赉湖的水有多么深，鱼有多么厚。我们吃到湖中的鱼，非常肥美。水好，所以鱼肥。有三条河流入湖中，而三条河都经过草原，所以湖水一碧千顷——草原青未了，又

> 到绿波前。湖上飞翔着许多白鸥。在碧岸、翠湖、青天、白鸥之间游荡着渔船，何等迷人的美景！
>
> 扎兰屯真无愧是塞上的一颗珍珠。多么幽美呀！它不像苏杭那么明媚，也没有天山万古积雪的气势，可是它独具风格，幽美得迷人。它几乎没有什么人工的雕饰，只是纯系自然的那么一些山川草木。

1962 年 2 月，老舍到广州去参加戏剧创作会议，借机游了广东和福建的一些地方。和以前一样，这个北方人对南方没有太多感觉。如果不能从南方的自然环境和风土人情中看见熟悉的东西，比如北方人，跟北方相似的风景，或者跟北方一样的习俗，老舍一直都不想多说什么。真是个可爱的倔强的北方佬！

三

现在，我们来介绍一下老舍的日常生活和家庭生活。他的儿女都慢慢长大了，长大之后学的都是理工科。老舍在 1962 年写道：

> 近来呀，每到星期日，我就又高兴，又

> 有点寂寞。高兴的是，儿女们都从学校、机关回家来看看，还带着他们的男女朋友，真是热闹。听吧，各屋里的笑声，辩论声，都连续不断，声震屋瓦，连我们的大猫都找不到安睡懒觉的地方，只好跑到房上去呆坐。虽然这么热闹，我却很寂寞。他们所讨论的，我插不上嘴；默坐旁听，又听不懂！

你看，老舍是个多么开通的父亲，默默地爱着自己的儿女，默默地尊重儿女们的选择，虽然寂寞，但是高兴。

当然，家庭生活中最缺少不了的是妻子胡絜青。胡絜青后来拜齐白石为师学习国画，很有成就。老舍有时也和妻子合作，在妻子的画上题字，和妻子一起去拜访齐白石，参加一些活动，算得上是妇唱夫随。

有一次老舍出难题给齐白石，让他画“蛙声十里出山泉”。齐白石思考了很久，用重墨在纸的两侧画了一个山涧，急湍的山泉在山涧中流淌，水中游曳着六只小蝌蚪，上方用石青点了两个青青的远山头，青蛙妈妈在哪里呢，她的声音传出了十里之遥，到了山涧的这头。

画作完成之后，在老舍客厅挂出，消息立刻

传向四方，轰动一时，成为中国文坛画坛佳话。后来，有关它的故事上了小学教科书，还正式出版了邮票。

其实，这幅画是齐白石和老舍共同研究的结果。原来，老舍并不是那么爱刁难人，他在写给齐白石的信中主动提供了绘画的构思："蝌蚪四五，随水摇曳；无蛙而蛙声可想矣"。[①]

在一封写给朋友的信当中，老舍说："新社会激励全国的作家奋发写作，每一位作家都在辛勤耕耘。冬天就要过去了，北京的春天很美。我养了许多花，莳弄这些花为我在写作的间隙提供了一个休息的机会。坐骨神经痛稍稍好了一点。我也该做些轻微的运动了，浇花对我来说就是一种轻微的运动。"其实，他是爱养花的。他的"丹柿小院"中，光菊花就有三四十种、三四百棵呢！有人画画，有人写文章。画是叶浅予的画，一幅在浇花，一幅在花海中坐着，文章是汪曾祺的《老舍先生》。在文章中汪曾祺写道：

北京东城迺兹府丰盛胡同有一座小院。

---

①叶羽：《"画儿迷"老舍》，《人民政协报》，2016 年 1 月第 14 期。

> 走进这座小院，就觉得特别安静，异常豁亮。这院子似乎经常布满阳光。院里有两棵不大的柿子树（现在大概已经很大了），到处是花，院里、廊下、屋里，摆得满满的。按季更换，都长得很精神，很滋润，叶子很绿，花开得很旺。这些花都是老舍先生和夫人胡絜青亲自莳弄的。天气晴和，他们把这些花一盆一盆抬到院子里，一身热汗。刮风下雨，又一盆一盆抬进屋，又是一身热汗。老舍先生曾说：“花在人养。”老舍先生爱花，真是到了爱花成性的地步，不是可有可无的了。汤显祖曾说他的词曲“俊得江山助”。老舍先生的文章也可以说是“俊得花枝助”。叶浅予曾用白描为老舍先生画像，四面都是花，老舍先生坐在百花丛中的藤椅里，微仰着头，意态悠远。这张画不是写实，意思恰好。①

读了汪曾祺的文章，我们大概都会感觉到，在日常生活中，老舍是一个非常风雅有趣的人。你看

---

①汪曾祺：《老舍先生》，沈阳：万卷出版公司，2015年，第5页。

他又勤劳自在，又气定神闲，真是令人羡慕。这画面太美，我们不忍多看，也不忍去破坏。

但是，这多少有点高高在上，有点脱离人民。老舍是那么一个人，在新时代新社会里，人民至上的观念在他心里已经生根发芽。当一次又一次运动来临时，他愿意检讨自己。但是，他始终跟新时代新社会有距离，就像他自己检讨的那样：

> 我能理解为什么毛泽东希望摧毁旧的资产阶级生活方式，但我不是马克思主义者，所以我无法描写这一斗争。我也无法和1966年的北京学生一样思维或感受世界，他们是用马克思主义的观点看待世界的。
>
> 你们大概觉得我是一个69岁的资产阶级老人，一方面希望革命成功，一方面又总是跟不上革命的步伐。我们这些老人不必再为我们的行为道歉，我们能做的就是解释一下我们为什么会这样，为那些寻找自己未来的青年人扬手送行。我们把描写新社会的任务也移交给青年一代，他们可以根据他们的经验改造社会。

时代的变化太快了。一转眼，那个在花丛中气定神闲的老舍，已惊慌失措。1966 年“文化大革命”发生以后，他想不明白问题，一切都让他惶惑。

四

抗战以来，老舍就写了不少剧本，1949 年以后，更写了十多本话剧与戏曲，其中有闻名于世的《龙须沟》和《茶馆》，尤其是《茶馆》，常演不衰。但是，整个写作的过程并不是那么顺利，他写下来的剧本，也有被弃演的。不过，老舍并不气馁，他觉得自己是在学习，从焦菊隐、于是之等大导演那里，他觉得自己学到了很多东西。写完一本戏，老舍就去找导演与演员们讨论。常跟内行人交谈，自然而然地就会长见识。慢慢地，老舍理解了一些舞台技巧。这又是一种乐趣。在新社会里，人人愿把本领传给别人。只要肯学习，机会就很多。因此，老舍把自己的作品叫作“民主剧本”。他欢迎大家提意见，以便修改得更好一些。当然，修改是相当麻烦的。况且，导演与演员并不只诚恳地提意见，他们也热诚地帮助老舍。因为老舍有相当严重的腿病。为打听一件事，他们会替老舍跑许多路；为深入地了解一件事，他们会替老舍下乡或下工厂，住在那里，进行体验。老舍因此交了好多朋友。剧本演出后，观众们也热情地提意见，老舍觉得，这又是一种协作。

人与人的关系变了。这就是老舍剧本的主要内容。他写了艺人，特别是女艺人，在从前怎样受着剥削与虐待，而在中华人民共和国成立后她们被视为艺术家，不但不再受剥削与虐待，而且得到政治地位——是呀，现在全国有不少男女艺人做了地方的和全国的人民代表。

老舍也写了一般的贫苦劳动人民如何改善环境，既不再受恶霸们的欺压凌辱，又到了不脏不臭的地方进行劳动。这就是《龙须沟》的主题。

龙须沟是北京有名的一条臭沟。沟的两岸住满了勤劳安分的人民，旧政府视人民如草芥，不管沟水（其实，不是水，而是稠嘟嘟的泥浆）多么臭，多么脏，多么有害，向来没人过问。不单如此，贪官们还把人民捐献的修沟款项吞吃过不止一次。

1950 年春，人民政府决定替人民修沟，在建设新北京的许多事项里，老舍觉得这一件特别值得歌颂。因为第一，政府经济上并不宽裕，可是还决心为人民除污去害。第二，政府不像先前的统治者那么只管给达官贵人修路盖楼房，也不那么只管修整通衢大路，粉饰太平，而是先找最迫切的事情做。尽管龙须沟是在偏僻的地方，政府并不因它偏僻而忽视它。这是人民政府，所以真给人民服务。

老舍觉得，感激政府的不应该只是龙须沟的人民，有人心的都应当在内啊！他自己就受了感动，要把这件事写出来，不管写得好与不好。老舍因此决定去冒险。

可是，怎么写呢？不能把臭沟搬到舞台上去，上了舞台可不好看。但是非写臭沟不可！不能随便编故事，一定要围绕着龙须沟，一定要写龙须沟。想来想去，老舍有思路了：第一，这须是一本短剧，至多三幕，因为越长越难写；第二，它不一定有个故事，写一些印象就行。按照这样的思路，老舍开始思考用哪些人物形象来烘托主题。他们都与沟有关系，像沟的一些小支流，可不就从人物的言行中把沟烘托出来了吗？他们的语言与动作不必是一个故事的联系者，而是臭沟的说明者。

当然，说起来容易，写起来可就千难万难。初稿出来后，焦菊隐他们就拿去试排。一边排，一边就把初稿加以补充与修改。在排演期间，演员们还不断地到龙须沟去体验生活。焦菊隐抱病担任导演，并且代老舍一字一句的推敲剧本，提供改善意见。后来，有人说，《龙须沟》的成功，很大程度上要归功于焦菊隐。这话说得有些道理。

因此，我们现在看到的《龙须沟》没有很大的故事性，戏剧冲突也不是很强，但每个人有每个人的性格、模样、思想、生活，都和龙须沟有关系。所有这些人物都住在龙须沟边上的小杂院里，虽然说的家长里短，但都绕不开龙须沟。

姑且选一小段在这里吧：

> 幕启：门外陆续有卖青菜的、卖猪血的、卖驴肉的、卖豆腐的、剃头的、买破烂儿的和“打鼓儿”的声音，还有买菜还价的争吵声，附近有铁匠作坊的打铁声，织布声，做洋铁盆洋铁壶的敲打声。
>
> 程娘子坐在柴灶前的小板凳上添柴烧火。小妞子从大门前的墙根搬过一些砖头来，把院子铺出一条走道。丁四嫂正在用破盆在屋门口舀屋子里渗进去的雨水。二春抱

着几件衣服走出来，仰着头正看刚露出来的太阳，把衣服搭在绳子上晒。大妈生好了煤球炉子，仰头看着天色，小心翼翼地抱起桌上的大包袱来，往屋里收。二春正走到房门口，顺手接进去。大妈从门口提一把水壶，往水缸走去，可是不放心二春抱进去的包袱，眼睛还盯在二春的身上。大妈用水瓢由水缸里取水，置壶炉上，坐下，开始做活。

四嫂 （递给妞子一盆水）你要是眼睛不瞧着地，摔了盆，看我不好好揍你一顿！

小妞 你怎么不管哥哥呢？他一清早就溜出去，什么事也不管！

四嫂 他？你等着，等他回来，我不揍扁了他才怪！

小妞 爸爸呢，干脆就不回来！

四嫂 甭提他！他回来，我要不跟他拼命，我改姓！

疯子 （在屋里，数来宝）叫四嫂，别去拼，一日夫妻百日恩！

娘子 （把隔夜的窝头蒸上）你给我起来，屋里精湿的，躺什么劲儿！

疯子 叫我起，我就起，尊声娘子别生气！

小妞　疯大爷，快起呀，跟我玩！

四嫂　你敢去玩！快快倒水去，弄完了我好做活！晌午的饭还没辙哪！

疯子　（穿破夏布大衫，手持芭蕉扇，一劲地扇，似欲赶走臭味；出来，向大家点头）王大妈！娘子！列位大姨！姑娘们！

小妞　（仍不肯去倒水）大爷！唱！唱！我给你打家伙！

四嫂　（过来）先干活儿！倒在沟里去！

妞子出去。

娘子　你这么大的人，还不如小妞子呢！她都帮着大人做点事，看你！

疯子　娘子差矣！（数来宝）想当初，在戏园，唱玩意，挣洋钱，欢欢喜喜天天像过年！受欺负，丢了钱，臭鞋、臭袜、臭沟、臭水、臭人、臭地熏得我七窍冒黑烟！（弄水洗脸）

娘子　你呀！我这辈子算倒了霉啦！

四嫂　别那么说，他总比我的那口子强点，他不是这儿（指头部）有点毛病吗？我那口子没毛病，就是不好好地干！拉不着钱，他泡蘑菇；拉着钱，他能

一下子都喝了酒！

疯子 （一边擦脸，一边说）我这里，没毛病，臭沟熏得我不爱动。

外面有吆喝豆腐声。

疯子 有一天，沟不臭，水又清，国泰民安享太平。（坐下吃窝头）

在这仿佛什么大事情也不可能发生的日常生活场景中，我们能够感受到十分浓烈的生活气息。同时，因为程疯子不合常规的语言方式的出现，我们从这浓烈的生活气息中，又能感受到潜在的戏剧性，这里肯定发生过什么事，而且要有大事情发生。所以，一边是四嫂、娘子等人的闲言闲语，一边是疯子的疯言疯语，整个舞台就活起来了。就戏论戏，程疯子应该是《龙须沟》能够成立的关键。

欣赏完《龙须沟》，下面我们来看《茶馆》。这出戏是怎么写的，为什么要单单写一个茶馆呢？茶馆是三教九流会面之处，可以容纳各色人物。一个大茶馆就是一个小社会。这出戏虽只有三幕，可是写了五十来年的变迁。有这么长的时段，就方便谈政治问题。但老舍不想谈政治舞台上的高官大人，也不愿意正面描写他们。他关心的是下层社会的小人物和小老百姓。他也熟悉他们，这些人物是经常下茶馆的。所以，他就把他们集合到一个茶馆里，用他们生活上的变迁反映社会的变迁，写写小人物的政治。对于作家来说，这是个很聪明的办法，既能避开自己不一定那么熟悉的东西，又能看到复杂的社会变迁当中更为普遍和基本的问题。任何一个社会，总是下层社会的小人物和老百姓要占绝大多数不是？

人物多，年代长，不易找到中心故事。老舍采用了四个办法：一是主要人物自壮到老，贯串全剧。这样，故事虽然松散，而中心人物有些着落，就不至于说来说去，离题太远，不知所云了。此剧的写法是以人物带动故事，近似活报剧，又不是活报剧。此剧以人为主，而一般的活报剧往往以事为主。二是次要的人物父子相承，父子都由同一演员扮演。这样也会帮助故事的连续。这是一种手法，不是在理论上有何根据。在生活中，儿子不必继承父业；可是在舞台上，父子由同一演员扮演，就容易使观众看出故事是连贯下来的，虽然一幕与一幕之间相隔许多年。三是设法使每个角色都说他们自己的事，可是又与时代发生关系。这么一来，厨子就像厨子，说书的就像说书的了，因为他们说的是自己的事。同

时，把他们自己的事又和时代结合起来，像名厨而落得去包办监狱的伙食，顺口说出这年月就是监狱里人多；说书的先生抱怨生意不好，也顺口说出这年头就是邪年头，真玩意要失传。因此，人物虽各说各的，可是又都能帮助反映时代，就使观众既看见了各色的人，也顺带着看见了一点儿那个时代的面貌。这样的人物虽然也许只说了三五句话，可是的确交代了他们的命运。四是无关紧要的人物一律召之即来，挥之即去，毫不客气。

这样安排了人物，剧情就好办了。有了人还怕无事可说吗？有人认为此剧的故事性不强，并且建议老舍：用康顺子的遭遇和康大力参加革命为主，去发展剧情。但老舍的眼光显然要更深远，他不仅要写革命，而且要写清朝以来的时代，一个一个是怎样被葬送的。抱住一件事去发展，恐怕茶馆还没被人霸占就已垮台了。

当然，和写《龙须沟》一样，老舍还是很热诚地接受了一些意见，修改剧本，但主要是从枝节上删删补补，没有做大修改。需要特别说明的是，焦菊隐对《茶馆》的成功仍然起到了不可或缺的作用。

我们选一段《茶馆》，见识一下它的风采：

常四爷提着小筐进来，筐里有些纸钱和花生米。他虽年过七十，可是腰板还不太弯。

常四爷　什么事这么好哇，老朋友！

王利发　哎哟！常四哥！我正想找你这么一个人说说话儿呢！我沏一壶顶好的茶来，咱们喝喝！（去沏茶）

〔秦仲义进来。他老的不像样子了，衣服也破旧不堪。〕

秦仲义　王掌柜在吗？

常四爷　在！您是……

秦仲义　我姓秦。

常四爷　秦二爷。

王利发　（端茶来）谁？秦二爷？正想去告诉您一声，这儿要大改良！坐！坐！

常四爷　我这儿有点花生米，（抓）喝茶吃花生米，这可真是个乐子！

秦仲义　可是谁嚼得动呢？

王利发　看多么邪门，好容易有了花生米，可全嚼不动！多么可笑！怎样啊？秦二爷！（都坐下）

秦仲义　别人都不理我啦，我来跟你说说：我到天津去了一趟，看看我的工厂！

王利发　不是没收了吗？又物归原主啦？这可是喜事！

秦仲义　拆了！

常四爷　拆了！

王利发　拆了？

秦仲义　拆了！我四十年的心血啊，拆了！别人不知道，王掌柜你知道：我从二十多岁起，就主张实业救国。到而今……抢去我的工厂，好，我的势力小，干不过他们！可倒好好地办哪，那是富国裕民的事业呀！结果，拆了，机器都当碎铜烂铁卖了！全世界，全世界找得到这样的政府找不到？我问你！

王利发　当初，我开得好好的公寓，您非盖仓库不可。看，仓库查封，货物全叫他们偷光！当初，我劝您别把财产都出手，您非都卖了开工厂不可！

常四爷　还记得吧？当初，我给那个卖小妞的小媳妇一碗面吃，您还说风凉话呢。

秦仲义 现在我明白了！王掌柜，求你一件事吧：（掏出一二机器小零件和一支钢笔管来）工厂拆平了，这是我由那儿捡来的小东西。这支笔上刻着我的名字呢，它知道，我用它签过多少张支票，写过多少计划书。我把它们交给你，没事的时候，你可以跟喝茶的人们当个笑话谈谈，你说呀：当初有那么一个不知好歹的秦某人，爱办实业。办了几十年，临完他只由工厂的土堆里捡回来这么点小东西！你应当劝告大家，有钱哪，就该吃喝嫖赌，胡作非为，可千万别干好事！告诉他们哪，秦某人七十多岁了才明白这点大道理！他是天生来的笨蛋！

王利发 您自己拿着这支笔吧，我马上就搬家啦！

常四爷 搬到哪儿去？

王利发 哪儿不一样呢！秦二爷，常四爷，我跟你们不一样，二爷财大业大心胸大，树大可就招风啊！四爷你，一辈子不服软，敢作敢当，专打抱不平。我呢，做了一辈子顺民，见谁都请安、鞠躬、作揖。我只盼着呀，孩子们有出息，冻不着，饿不着，没灾没病！可是，日本人在这儿，二拴子逃跑啦，老婆想儿子想死啦！好容易，日本人走啦，该缓一口气了吧？谁知道，（惨笑）哈哈，哈哈，哈哈！

常四爷 我也不比你强啊！自食其力，凭良心干了一辈子啊，我一事无成！七十多了，只落得卖花生米！个人算什么呢，我盼哪，盼哪，只盼国家像个样儿，不受外国人欺侮。可是……哈哈！

秦仲义 日本人在这儿，说什么合作，把我的工厂就合作过去了。咱们的政府回来了，工厂也不怎么又变成了逆产。仓库里（指后边）有多少货呀，全完！还有银号呢，人家硬给加官股，官股进来了，我出来了！哈哈！

王利发 改良，我老没忘了改良，总不肯落在人家后头。卖茶不行啊，开公寓。公寓没啦，添评书！评书也不叫座儿呀，好，不怕丢人，想添女招待！人总得活着吧？我变尽了方法，不过是为活下去！是呀，该贿赂的，我就递包袱。我可没做过缺德的事，伤天害理的事，为什么就不叫我活着呢？我得罪了谁？谁？皇上，娘娘那些狗男女都活得有滋有味的，单不许我吃窝窝头，谁出的主意？

常四爷 盼哪，盼哪，只盼谁都讲理，谁也不欺侮谁！可是，眼看着老朋友们一个个的不是饿死，就是叫人家杀了，我呀就是有眼泪也流不出来喽！松二爷，我的朋友，饿死啦，连棺材还是我给他化缘化来的！他还有我这么个朋友，给他化了一口四块板的棺材；我自己呢？我爱咱们的国呀，可是谁爱我呢？看，（从筐中拿出些纸钱）遇见出殡的，我就捡几张纸钱。没有寿衣，没有棺材，我只好给自己预备下点纸钱吧，哈哈，哈哈！

秦仲义　四爷，让咱们祭奠祭奠自己，把纸钱撒起来，算咱们三个老头子的吧！

王利发　对！四爷，照老年间出殡的规矩，喊喊！

常四爷　（立起，喊）四角儿的跟夫，本家赏钱一百二十吊！（撒起几张纸钱）

王利发　一百二十吊！

秦仲义　（一手拉住一个）我没的说了，再见吧！（下）

王利发　再见！

常四爷　再喝你一碗！（一饮而尽）再见！（下）

王利发　再见！

戏就要落幕，王利发和他的两个老主顾——常四爷和秦仲义最后一次见面了，他们就像是唐诗里的人物，“白头宫女在，闲坐说玄宗”，个个说着自己曾经辉煌的往昔，不胜历史沧桑之感。在这三个人物的回忆里，我们不仅可以看到他们过去美好的时光，从他们的字里行间看到过去的时代一步步走向衰亡，一去不回，而且，稍微跳开一点来说，我们也能通过它猜想到整个《茶馆》剧本的故事内容，这三个人物的回忆将过去的时代一一葬送进了历史的坟场。这既是老舍的创作意图，也是剧本的基本内容。从剧本欣赏的角度来说，三个人物的对话，句句都是故事，句句都是戏，句句都是历史的见证。

五

最后，让我们读一读老舍 1961 年开始创作的一部小说《正红旗下》。这部小说最终没有写完，老舍生前也没有发表。当它面世以后，很多人都表示，这部小说如若写完，也许是老舍最好的作品，好吧，不管怎么说，它没有写完。

老舍之所以要偷偷写《正红旗下》，原因有很多。最表面的原因是，1961 年不是写《正红旗下》这样的自传体小说的时候，要写，就只能偷偷写。但这原因太表面化了，实在算不上是什么解释。但是更深层次的原因也不好找，老舍生前

没有透露过，我们也就只好猜测。大概有以下几个原因是可以说的吧：

一是老舍以前写过自传性的《小人物自述》，但没写完，也写得不够好，还写过跟自己的早年生活和经历关系很密切的《牛天赐传》，但也没怎么写好。这说明老舍一直都在尝试根据自己的早年生活和经历写小说，但都不太成功。以老舍的韧劲和倔强的个性，他肯定愿意在有生之年继续尝试，所以要写；但不见得能成，所以先偷偷写。

二是老舍进入新时代新社会以后，一直坚持“人民至上”，但如何摆放自己在历史和现实当中的位置，其实并没有很大的把握。所以，偷偷地写《正红旗下》这样的自传性作品，既可以回味过去，也可以重新理解自己的过去，从而弄明白自己到底在历史和现实中应该怎么安身立命。

三是老舍毕竟更喜欢写小说，天天写剧本写杂文，难免不耐烦，手痒想写小说。但当时的社会生活，老舍没那么熟悉，写起来不得心应手，写《茶馆》那样的话剧，不能老写，也不够像他的小说那么细腻。可是，很长时间没认真写小说了，都十年了，《无名高地有了名》又写得不好，那么，先偷偷写起来，写自己最熟悉的最得心应手的吧。

四是老舍对自己的父母和自己早年生活经历带有某种情结，就像他回望北平一样，他也常常或明或暗地回望这些东西。这好像是隐秘的家族史，又牵扯到老舍的满族身份，“正红旗”就是满洲八旗之一，更是隐秘的民族史和清朝统治史，要写，值得写，但肯定不是那么好写的，所以先偷偷写吧。

猜了这么多，也到底是猜测，老舍心里怎么想的，不知道。不管那么多了，选上小说开头的几段文字，让我们来欣赏老舍的绝笔吧：

> 假若我姑母和我大姐的婆母现在还活着，我相信她们还会时常争辩：到底在我降生的那一晚上，我的母亲是因生我而昏迷过去了呢，还是她受了煤气。
>
> 幸而这两位老太太都遵循着自然规律，到时候就被亲友们护送到坟地里去；要不然，不论我庆祝自己的花甲之喜，还是古稀大寿，我心中都不会十分平安。是呀，假若大姐婆婆的说法十分正确，我便根本不存在啊！

似乎有声明一下的必要：我生的迟了些，而大姐又出阁早了些，所以我一出世，大姐已有了婆婆，而且是一位有比金刚石还坚硬的成见的婆婆。是，她的成见是那么深，我简直地不敢叫她看见我。只要她一眼看到我，她便立刻把屋门和窗子都打开，往外散放煤气！

还要声明一下：这并不是为来个对比，贬低大姐婆婆，以便高抬我的姑母。那用不着。说真的，姑母对于我的存在与否，并不十分关心；要不然，到后来，她的烟袋锅子为什么常常敲在我的头上，便有些费解了。是呀，我长着一个脑袋，不是一块破砖头！

尽管如此，姑母可是坚持实事求是的态度，和我大姐的婆婆进行激辩。按照她的说法，我的母亲是因为生我，失血过多，而昏了过去的。据我后来调查，姑母的说法颇为正确，因为自从她中年孀居以后，就搬到我家来住，不可能不掌握些第一手的消息与资料。我的啼哭，吵得她不能安眠。那么，我一定不会是一股煤气！

我也调查清楚：自从姑母搬到我家来，

虽然各过各的日子，她可是以大姑子的名义支使我的母亲给她沏茶灌水，擦桌子扫地，名正言顺，心安理得。她的确应该心安理得，我也不便给她造谣：想想看，在那年月，一位大姑子而不欺负兄弟媳妇，还怎么算作大姑子呢？

在我降生前后，母亲当然不可能照常伺候大姑子，这就难怪在我还没落草儿，姑母便对我不大满意了。不过，不管她多么自私，我可也不能不多少地感激她：假若不是她肯和大姐婆婆力战，甚至于混战，我的生日与时辰也许会发生些混乱，其说不一了。我舍不得那个良辰吉日！

那的确是良辰吉日！就是到后来，姑母在敲了我三烟锅子之后，她也不能不稍加考虑，应否继续努力。她不能不想想，我是腊月二十三日酉时，全北京的人，包括皇上和文武大臣，都在欢送灶王爷上天的时刻降生的呀！

在那年代，北京在没有月色的夜间，实在黑的可怕。大街上没有电灯，小胡同里也没有个亮儿，人们晚间出去若不打着灯笼，就会越走越怕，越怕越慌，迷失在黑暗里，找不着家。有时候，他们会在一个地方转来转去，一直转一夜。按照那时代的科学说法，这叫作“鬼打墙”。

可是，在我降生的那一晚上，全北京的男女，千真万确，没有一个遇上“鬼打墙”的！当然，那一晚上，在这儿或那儿，也有饿死的、冻死的，和被杀死的。但是，这都与鬼毫无关系。鬼，不管多么顽强的鬼，在那一晚上都在家里休息，不敢出来，也就无从给夜行客打一堵墙，欣赏他们来回转圈圈了。

大街上有多少卖糖瓜与关东糖的呀！天一黑，他们便点上灯笼，把摊子或车子照得亮堂堂的。天越黑，他们吆喝的越起劲，洪亮而急切。过了定更，大家就差不多祭完了灶王，糖还卖给谁去呢！就凭这一片卖糖的声音，那么洪亮，那么急切，胆子最大的鬼也不敢轻易出来，更甭说那些胆子不大的了——据说，鬼也有胆量很小很小的。

再听吧，从五六点钟起，已有稀疏的爆竹声。到了酉时左右（就是我降生的伟大时辰），连铺户带人家一齐放起鞭炮，不用说鬼，就连黑、黄、大、小的狗都吓得躲在屋里打哆嗦。花炮的光亮冲破了黑暗的天空，一闪一闪，能够使人看见远处的树梢儿。每家院子里都亮那么一阵：把灶王像请到院中来，燃起高香与柏枝，灶王就急忙吃点关东糖，化为灰烬，飞上天宫。

灶王爷上了天，我却落了地。这不能不叫姑母思索思索："这小子的来历不小哇！说不定，灶王爷身旁的小童儿因为贪吃糖果，没来得及上天，就留在这里了呢！"这么一想，姑母对我就不能不在讨厌之中，还有那么一点点敬意！

灶王对我姑母的态度如何，我至今还没探听清楚。我可是的确知道，姑母对灶王的态度并不十分严肃。她的屋里并没有灶王龛。她只在我母亲在我们屋里给灶王与财神上了三炷香之后，才搭讪着过来，可有可无地向神像打个问心。假若我恰巧在那里，她必狠狠地瞪我一眼；她认准了我是灶王的小童儿转世，在那儿监视她呢！

说到这里，就很难不提一提我的大姐婆

婆对神佛的态度。她的气派很大。在她的堂屋里，正中是挂着黄围子的佛桌，桌上的雕花大佛龛几乎高及顶棚，里面供着红脸长髯的关公。到春节，关公面前摆着五碗小塔似的蜜供、五碗红月饼，还有一堂干鲜果品。财神、灶王，和张仙（就是“打出天狗去，引进子孙来”的那位神仙）的神龛都安置在两旁，倒好像她的“一家之主”不是灶王，而是关公。赶到这位老太太对丈夫或儿子示威的时候，她的气派是那么大，以至把神佛都骂在里边，毫不留情！“你们这群！”她会指着所有的神像说，“你们这群！吃着我的蜜供、鲜苹果，可不管我的事，什么东西！”

可是，姑母居然敢和这位连神佛都敢骂的老太太分庭抗礼，针锋相对地争辩，实在令人不能不暗伸大指！不管我怎么不喜爱姑母，当她与大姐婆婆作战的时候，我总是站在她这一边的。

经过客观的分析，我从大姐婆婆身上实在找不到一点可爱的地方。是呀，直到如今，我每一想起什么“虚张声势”“瞎唬事”等等，也就不期然而然地想起大姐的婆婆来。我首先想起她的眼睛。那是一双何等毫无道理的眼睛啊！见到人，不管她是要表示欢迎，还是马上冲杀，她的眼总是瞪着。她大概是想用二目圆睁表达某种感情，在别人看来却空空洞洞，莫名其妙。她的两腮多肉，永远阴郁地下垂，像两个装着什么毒气的口袋似的。在咳嗽与说话的时候，她的嗓子与口腔便是一部自制的扩音机。她总以为只要声若洪钟，就必有说服力。她什么也不大懂，特别是不懂怎么过日子。可是，她会瞪眼与放炮，于是她就懂了一切。

虽然我也忘不了姑母的烟袋锅子（特别是那里面还有燃透了的兰花烟的），可是从全面看来，她就比大姐的婆婆多着一些风趣。从模样上说，姑母长得相当秀气，两腮并不像装着毒气的口袋。她的眼睛，在风平浪静的时候，黑白分明，非常的有神。不幸，有时候不知道为什么就来一阵风暴。风暴一来，她的有神的眼睛就变成有鬼，寒光四射，冷气逼人！不过，让咱们还是别老想她的眼睛吧。她爱玩梭儿胡。每逢赢那么三两吊钱的时候，她还会低声地哼几句二黄。

据说，她的丈夫，我的姑父，是一位唱戏的！在那个改良的……哎呀，我忘了一件大事！

你看，我只顾了交代我降生的月、日、时，可忘了说是哪一年！那是有名的戊戌年啊！戊戌政变！

在老舍诙谐、幽默的文字中，一个还没有名字的孩子来到了这个世界。可是，从这个无名之子降世当天起，一切纷争就无休无止。关于他的出生，亲属们各执一词，而那一年，那些正试图决定中国命运的人们，也各执一词，留下无穷无尽的想象历史的空间。不知道老舍写下这些文字的时候，内心是不是也闪烁着无休无止的纷争，不知何处可以安置自己衰老的躯壳和生命？在炉火纯青的文字背后，我们仿佛听到了一些悲哀的生命消息。虽然老舍的生命已经止息，但他留在文字之中的生命消息永存。

六

1966 年 8 月 23 日，红卫兵以“扫四旧”为名，在国子监（孔庙）大院中烧戏装、道具。下午，老舍被人从北京市文联办公室押往孔庙，和萧军、骆宾基、端木蕻良、荀慧生等三十多位著名作家、艺术家一道被批斗，遭污辱。老舍抗争，被毒打，当场晕倒，血流满面。

1966年8月24日，老舍在太平湖边坐了一整天。25日清晨，人们发现他死在了水里。

……

总之，老舍去世了。而我们到现在都不知道，他怎么就到了太平湖的水里？这多少是个耻辱。

编后记

本书的编写以老舍生前留下的大量自传性质的文字为基础，主要参考了徐德明编纂的《老舍自传》和关纪新撰写的《老舍评传》。因为本书的目的是想呈现作家老舍的情况，所以对老舍的家庭和交游交代不多，反而选了很多老舍的文学作品，并做了一些力所能及的评价。凡是借鉴了他人研究成果的地方，都详细注明，不敢掠美。

由于编者水平有限，对老舍生命段落的划分，对他的具体作品的评价，对于老舍整个文学人生的把握，都存在很多问题，敬请读者批评指正！

编　者

2016 年 8 月